♠ ♥ ♦ ♣

情緒賽局

揭開決策背後的情緒機制

| 8位諾貝爾
經濟學獎得主盛讚 |

提高人生勝率的23項贏家邏輯

FEELING SMART

Why Our Emotions Are More Rational Than We Think

EYAL WINTER

宏博研究獎得主 **艾雅爾‧溫特**———著　高英哲———譯

Contents

I 論憤怒與承諾

II 論信任與慷慨

III　論愛情與浪漫

IV 論樂觀、悲觀與群體行為

V 論天性與理性

前言
行為背後的情緒機制

許多時候靠情緒或直覺做出的決定，不但比嚴謹分析後的決定來得更有效率，品質也更好。

　　為什麼人們無法更理性地思考？相較於理想的「思想家」形象，演化似乎遺留給我們好多缺陷，不然怎麼解釋我們這麼容易情緒化？生氣對一個人有什麼好處？為什麼在如此競爭的世界裡，我們偶爾還是有股想要謙讓的衝動？為什麼在我們無地自容地想找個地洞鑽下去時，卻偏偏會面紅耳赤，讓自己變得再顯眼不過？我們為什麼會感到羞愧或懊悔？為什麼心中會燃燒著激情的愛？到底是什麼使我們對愛人忠貞不渝？或是志願從事最危險的軍事任務？生活中有一大堆只要我們稍加思索、謹慎分析機會與風險，再冷靜計算淨利後，就根本避之唯恐不及的事情。但若是我們拒絕去做那些事，就不像人類了。

　　電視影集《星艦迷航記》（*Star Trek*）裡有位史巴克先生，他老是以一種混雜著訝異跟自大的寬宥表情，看待他星艦

企業號的同伴。來自瓦肯星的史巴克跟我們截然不同,他完全依據沒有情緒波動的理性跟邏輯思維行事。看著史巴克面臨重大危機仍面不改色地採取行動,我們自覺低劣不如人,那種感受合理嗎?事實是,倘若人類跟瓦肯人一樣,演化成沒情緒的物種,我們的生活會變得更艱難,甚至很有可能根本無法存活下來。

情緒與理智的賽局試煉

我們許多人會把「決策」想成是兩種相反機制在進行關鍵角力戰——體內的情緒化衝動機制,會讓我們做出「錯誤」選擇,而理性用腦機制則會穩當地引領我們做出正確選擇。直到數十年前,許多科學家仍抱持著上述想法,但這不但把事情簡化,也並非事實。

情緒跟理智機制實際上是共同運作、互相支持,有時候兩者甚至密不可分。許多時候靠情緒或直覺做出的決定,不但比經過全面且嚴謹地分析各種可能結果跟影響後所做的決定,來得更有效率、品質也確實更好。加州大學聖塔芭芭拉分校的一項研究指出,當我們有點生氣時,能更敏銳地辨別爭議事項中,哪些論點重要相關,哪些則無關緊要。我自己共同執筆的另一項研究亦發現,我們處在生氣對自己有利的情況時,就會變得比較容易生氣。換句話說,不但情緒有邏輯,邏輯裡也經

常有情緒。

　　情緒如何影響我們決策？情緒是會壞事還是幫我們一把？情緒在社交情境中扮演什麼樣的角色？集體情緒如何形成？是什麼演化機制使我們成為既會思考，又情緒化的生物？本書透過近年來發表探討情緒與理性之間「界限」的最新研究，試著回答上述問題。

　　關於情緒所扮演角色的新見解，來自於過去 20 年內，發生於大腦科學、行為經濟學，以及賽局理論，這三個重要研究領域的一場寧靜革命。它拓展了我們對於人類行為各方面的理解。過去主要是在心理學、社會學跟哲學的脈絡下進行情緒研究，理性則是經濟學跟賽局理論的禁臠。但如今，無論是理性還是情緒研究，都是上述領域學者積極研究的標的。

　　我專精的學術領域是賽局理論跟行為經濟學，這些都是迅速發展中的經濟學學科。在過去 20 年間，有 12 名諾貝爾經濟學獎得主出身於這兩個研究領域，他們的影響力遠遠超出學術圈之外。比方說行為經濟學家凱斯・桑思汀（Cass R. Sunstein），就曾經出任美國前總統歐巴馬的白宮資訊與管制事務辦公室（Office of Information and Regulatory Affairs）主任。他的同事理察・塞勒則是英國前首相卡麥隆在內閣辦公室設立、提供內部諮詢的「行為洞察團隊」（Behavioral Insights Team）成員。

理性的情緒

雖然本書並非只根據一家之言立論，不過卻有作者個人一以貫之的中心思想，它可以用一句看似矛盾的話概括——「理性的情緒」。行為經濟學的研究成果及衍生的大眾讀物，如我朋友丹・艾瑞利[1]跟丹尼爾・康納曼[2]撰寫的著作，似乎都著重於研究使我們偏離理性決策（有時可能會對我們造成傷害）的心智偏差現象，不過在我看來，這樣的觀點過於悲觀。相反地，我會指出情緒如何為我們服務，增進我們的利益——甚至那些最物質性、最切身的利益也不例外。

要討論這個主題，我們就得涉足兩個重要的研究領域：賽局理論跟演化論。

我們需要用到基本上是在研究互動決策的賽局理論，因為人類是會跟環境互動的社會性動物。透過賽局理論的研究法，可讓我們了解情緒以及其他行為特徵，在社會互動的情境下扮演的角色。否則我們就只會聽到「一面之詞」，對於自己行為也只有片面理解。

演化論對於了解人類行為也很重要。演化論試著解釋某個行為特徵，如何幫助人類這個物種存活（可能過去就已經對人類有所幫助）。人類的行為發展一如其生理發展（其他生物的生理發展也是一樣），都是「整批交易」（package deal）的結果：某個行為特徵或傾向，在某個決策情境下似乎是個妨

礙，但在其他決策情境下，卻是重要優勢。

本書自然會著重我跟研究夥伴曾進行過的研究內容，不過我也納入我有幸擔任多年主任的耶路撒冷希伯來大學理性研究中心內部，許多同事跟學生取得的研究結果，以及世界各地卓越學者的研究成果。這些研究結晶都有理論見解以及實驗結果作為基礎，在過去數十年內，逐漸取代了先前充作社會科學實證研究主力工具的訪察工作及問卷。

我在使用「情緒」一詞時，含意比一般口語更廣泛。我除了納入生氣、擔憂等人人認同的情緒概念，也把公平、平等、雅量等通常被視為社會規範的概念當成情緒。這並不是要定義什麼是情緒（我刻意避免這樣做），而是想要廣泛地研究可能會影響到完美理性思考的各種現象。本書提出的見解不僅限於經濟決策，也涉及社會、政治、宗教、家庭、性、藝術等各項領域。

《情緒賽局》這本書，是要讓不一定有跟上社會科學研究最新發展的讀者，也能夠參與這段關於情緒與理性行為之間關係的有趣討論。

我要感謝班哲明・亞當斯（Benjamin Adams），他同時就理性與感性的角度，提供了非常棒的編輯建議。我也要感謝我的朋友齊夫・海爾曼（Ziv Hellman），他把本書從希伯來原文翻譯成英文，沒有其他人能夠做得比他更出色。我還要特別感謝耶路撒冷希伯來大學理性研究中心的研究夥伴、老師、同

事以及學生，我有幸與他們進行學術交流，再加上我自己的研究成果，構成了本書的原始素材。儘管這些互動本身相當智性及理性，但是對我來說卻始終充滿情感意義。

概論
理性與情緒的運作奧祕

即時、靈活的情緒機制是否會使理性決策系統土崩瓦解，抑或兩種機制能夠相輔相成？

　　我們從一些定義開始著手。在幾乎所有國家的口頭用語中，「理性」這個詞都有兩種用法。

理性定義與應用差距

　　第一種用法跟聲明與解釋有關——倘若聲明具有一致的內在邏輯且建立在合理假設上，我們就說這是理性的聲明。

　　另外一種常見的用法則跟決策有關，但它就複雜多了。直到今日，經濟學家跟哲學家仍然無法擬出一個直接且廣為接受的定義。幾乎每個被提出來的定義，不是太過嚴格，導致你很難想出一個符合這個理性定義的決策，不然就是太過寬鬆，使得幾乎每個可能的決策都是理性的。

我們舉幾個例子來看看：

定義一：倘若某人採取的某個行動，就他所知，沒有其他行動可以讓他獲得更大的物質利益或好處，那麼這個行動就是理性的。

乍看之下，這似乎是個「寬鬆的」定義。但請注意，根據這個定義，某個行動理性與否會與這個人的主觀所知有關。倘若你在星期一買了某間公司的股票，星期二報紙頭條爆出該公司執行長被控財務詐欺並遭到逮捕，導致那些股票的價值下跌50%。然而，根據定義一，你的行動還是有可能完全符合理性，因為當你決定投資時，還不知道這條新聞。即使你知道該公司執行長即將遭到逮捕，倘若你相信股價終究會上漲，你的行動就仍然是理性的。按照定義，只要你當時認為股價會上漲，那麼買進股票的行動就是理性的。

同樣的道理，倘若你在土耳其的市集買了一條毯子，由店家訂價，而他原本預期顧客一定會殺價。但只要你認為自己不會殺價，殺著殺著搞不好會買不到那條毯子，那麼「不殺價購買」就可以算是理性選擇。事實上這是個非常嚴格的定義，因為它把焦點局限在採取行動所能獲得的物質利益。比方說，你若是因為自己反對抽菸，就不買進業務正在擴張的菸草公司的股票，即使不買進股票的行為很有道理，甚至值得尊敬，但是

根據定義一，這就是不理性的行為，因為你知道有另一個行動可以增進你的物質利益。這個定義使你無從進行價值判斷。

因此，我們提出另一個比較寬鬆的定義：

定義二：倘若某人採取的某個行動，就他所知，沒有其他行動可以讓他獲得更大的效用或福祉，那麼這個行動就是理性的。

就定義二而言，我們評估一個人的決策，不是看他得到多少物質報酬，而是看他得到多少「效用」或「福祉」。這兩個概念雖然有點模稜兩可，卻可以讓理性的定義與心理補償產生關聯，而不僅限於物質利益。定義二使我們能夠把拒絕買進菸草公司股票的行動視為理性的，因為良心不安會讓你得不償失，你在股價上漲獲得的好處，無法抵消你個人福祉的損失。在這種情況下，你不買股票日子會過得比較好。

定義二比定義一的概括範圍更大。這讓我們能夠把利他行為視為理性行為，因為利他行為造成的物質損失，或許可以用提升的滿足感加以補償。問題在於，這個定義的涵蓋範圍太大。認真說來，根據定義二，由於心理效益（psychological benefit）的認定相當主觀，使得任何行為都可以視作理性作為。倘若有人認為把自己泡在機油裡會帶來心理效益，按照定義那就是理性行為。我們需要一個能把那種行為視為不理性行

為的定義，因此我在此提出第三種概念，我把它叫做「演化型定義」。

定義三：倘若某人採取的某個行動，就他選擇行動時的當下條件，沒有其他行動可以讓他獲得更大的演化優勢，那麼這個行動就是理性的。

定義三把一個人採取行動時所獲得的心理與物質利益都納入考量，據此判斷其行動是否理性。理性的行動必須要讓這個人獲得確實利益（但不一定是直接獲得），增進他的演化生存優勢。比方說根據定義三，利他行為就可視為理性行為，但是理由跟定義二並不相同。定義二之所以認為利他行為理性，是因為施惠者心理上獲得滿足感（也就是「精神補償」）。定義三之所以認為利他行為理性，則是因為這讓施惠者獲得演化優勢。在一個建立於互惠關係之上的社會，幫助他人的人日後也會受到他人幫助，而自私的傢伙則會被排擠，他們的生存機會因此降低。

演化型定義會根據環境而定，不過很多時候它比起定義二，能夠讓我們對於人類行為有更準確的見解。請注意自殺在定義二或許可視為理性的事，但就演化型定義來說，它便不是理性行為，因為自殺無法讓人獲得演化優勢。

難以界定的情緒

我不針對情緒提出定義，單純是因為打從我研究這個主題以來，仍未能在林林總總的定義中，找到一個令我滿意的定義。許多定義都會用「心理現象」來說明情緒，但這終究是在鬼打牆，因為你若不使用情緒這個詞，就無法定義心理狀態。

我們要定義情緒時會碰上困難並不意外。試想如果有人要你跟外星人解釋，左腳小趾被踩到的痛，跟你最要好的朋友去世時的椎心之痛有何不同，或是吃一口融化的比利時巧克力的愉悅感，跟你與伴侶沉浸於愛河裡的差別。不過，我們可以說明反應的時間長短，以及能夠感受到訊號的身體部位。神經生物學家可以指出在不同情緒狀態下，不同的電流刺激會出現在大腦的哪些部位。然而，無論是生理感官還是情緒感覺，都可以辨別出上述差異。

事實上，情緒跟生理感官之間的關聯，比我們原先設想的還要強烈。我們大多都有擔心或憂慮時就腸胃不適，甚至腹瀉的經驗。反過來說，消化不良也可能是導致做惡夢的原因，然而內臟跟大腦之間的關聯不只如此。例如，胃是除了大腦之外，身體唯一一處會產生大量神經傳導活動的部位——特別是血清素活動（當你出現憂鬱等各種心理問題時，就表示體內血清素不平衡）。消化系統利用血清素處理營養物質，再把它們傳導到小腸。它是身體唯一不需要大腦活動，就可以自動運作

的系統。哥倫比亞大學大腦科學家麥可‧格爾紹（Michael Gershon）做過一個很厲害的實驗，證明豬的小腸可以脫離豬的身體運作：把食物從小腸一端塞進去，就會自動傳導到另一端。若是把少量抗憂鬱藥百憂解注入小腸，消化速度會加快 1 倍。

儘管我們的情緒系統跟消化系統之間，具有驚人的關聯性與相似性，然而詩人通常是從愛情或悲傷裡，而不是在消化的感覺裡尋找靈感。原因在於我們身處在情緒中的主觀感受，本質上跟純然的身體感覺截然不同。然而，我們在實驗中無法找到一條劃分情緒以及非情緒身體感覺的明確界線，也同樣無法清楚描述它們的差別。這是情緒難以界定的另一個原因。

儘管我一直找不到一個令人滿意、簡明扼要的情緒定義，不過就定義一的物質利益而言，在情緒行為與理性行為之間，倒是有一條明確的界線。基於情緒所產生的行為，通常會被視為自動產生，而理性行為則被視為需要漫長且複雜，一般來說需時甚久的認知過程。不過我們之後會指出，這兩種過程經常會協同作用。

情緒機制的特點

在情緒與認知思維及非情緒的心理知覺之間，還有兩個明顯不同之處。首先，比起思維或生理知覺，情緒更加深植於我

們的記憶中。很多時候我們試著回想一部以前看過的電影時，會發現已經把情節甚至主題全部忘光，卻很清楚地記得我們是否喜歡那部電影，或是覺得它很無聊難看。比起生理上的疼痛（即使是劇烈的生理疼痛也不例外），我們更容易想起一段被羞辱的記憶，或是感到懼怕的經驗。我們對生理疼痛的記憶，通常會伴隨著疼痛時經歷的焦慮或憂鬱等情緒反應，又或者，是這些情緒喚起我們的疼痛記憶。

再者，雖然我們幾乎可以完全控制認知或分析思維（意思是我們可以決定什麼時候要開始這樣想，什麼時候不這樣想），而疼痛之類的生理知覺則幾乎完全無法用意識控制，然而情緒這檔事卻是介於兩者之間。我們可以在某些情況下，控制情緒到某種程度，但我們無法完全控制它。我們也可以在全然虛擬的情境下被帶起情緒，如受到電影、戲劇或書籍等外在虛擬刺激，或是藉由回憶過往而引發情緒。無怪乎主要的電影類型都是用情緒分類，像是懸疑片、劇情片、喜劇片等等。電影讓我們產生情緒的程度，遠比為我們提供的見解多。

在接下來的章節中，我們會探討即時、強烈、靈活的情緒機制，是否如大家普遍認為那般，可能會讓我們的理性決策系統土崩瓦解，抑或這兩種機制反而能夠相輔相成。

I　　論憤怒與承諾

情緒事實上是一種釋放訊號的機制，讓我們得以協調彼此的行動，
在日常生活中參與的各種賽局達到均衡點。

1
憤怒策略

你只要意識到生氣有助於達到目標,你就會生氣。情緒可作為建立承諾的機制。

　　2008 年秋天,我在史丹佛大學講了一堂課之後,抽空去攀爬位於舊金山北方,可眺望太平洋的懸崖。我就著暮光凝視海洋,絕美的天然景色,讓我心中盈滿深深的渴望。在我腳下的懸崖底部面海之處,有一場小小的婚禮正在進行,滿心歡喜的新人站在水邊,面向年輕的牧師以及一小撮盛裝出席的來賓。我的思緒逐漸從湛藍的海水,以及日落時分的紅彩天空,飄到已經兩週沒見面的妻兒身上,心中的渴望因此混雜著奇怪的情緒:一方面我覺得自己何其有幸,能夠擁有一個溫暖可人的家庭;另一方面我對於自己此時離家如此遙遠,感到一股情不自禁的憤怒。

　　為了強化內心感受,我緊握著懸崖邊的柵欄,身子往外探,想要把底下正在進行、眾人情緒高漲的海灣婚禮看得更清

楚。突然間，我感覺到身子底下唯一在支撐我，使我免於一頭摔下萬丈深淵的柵欄，竟然在搖晃！剎那間，我的多愁善感被一股強大的恐懼感取代，它迅速地把我從柵欄邊推開。那股恐懼感大概救了我一命，不過也有可能是因為先前那股渴望，讓我後來做出了一個選擇：出差的次數少一點，好讓我的婚姻更為美滿。

情緒機制的優點與種類

情緒是一種能夠協助我們做決策的機制。情緒在我們的演化過程中出現、成形與發展，以增加我們的生存機會。倘若柵欄開始搖晃時，我沒有感覺到一股恐懼襲來，說不定我會繼續靠著往前彎，最後柵欄斷裂，讓我摔死在懸崖底下。或者倘若我摔下去大難不死，但卻沒能產生後悔的感覺，我可能就無法領悟太用力靠在脆弱的柵欄上，會發生什麼後果。同樣的道理，倘若我們無法對別人生氣，就可能會成為別人輕易剝削的對象，跟別人競爭稀有資源的能力也會降低。

除了情緒之外，人類還有另一項有助於做出決策的機制，那就是理性分析的能力。就某方面來看，我在懸崖邊的柵欄開始搖晃時所感受到的恐懼，對於生存來說似乎是多餘的。假如我小心計算柵欄能夠承擔的體重上限、懸崖的高度，以及從懸崖頂端摔下去的後果，我打從一開始就不會靠在柵欄上了。不

過，在這個情況下，比起理性機制慢條斯理地一條條算計，我的情緒機制迅速反應的效率高出了上千倍。光靠理性，恐怕來不及救我一命。

恐懼、悲傷、後悔等情緒稱為「自發情緒」（autonomous emotion），憤怒、羨慕、憎恨、同理等情緒則叫做「社會情緒」（social emotion）。按照定義，社會情緒具有互動性，比方說我們對他人感到憤怒或同理；另一方面，我們會對於跟自己有關的行動或情況感到後悔。我們當然可能會對他人感到恐懼（雖然恐懼通常來自於他人會對我們做什麼，而不是來自於那個人本身），不過就算沒有他人，我們也能夠感覺到恐懼。疾病、危險、失敗以及災難，都足以引發我們極大的恐懼。

談判與可信的承諾

自發情緒跟社會情緒之間的差異性，對於了解「理性情緒」這個概念特別重要。自發情緒會影響我們自己的決定，而社會情緒則會同時影響我們跟他人的決定。這就要提到情緒架構裡最重要的元素：情緒能夠使我們對自己及他人做出承諾。承諾是社會科學領域中最重要的概念之一，被廣泛應用於了解經濟行為，尤其是協商理論以及國際關係。2005 年諾貝爾經濟學獎得主湯瑪斯・謝林（Thomas Schelling），主要就是靠他對於承諾的相關研究獲獎。

若要了解兩個人產生衝突時，為什麼誰能夠讓對方相信他會堅持到底（即使會對自己造成傷害也在所不惜），誰就能夠占上風，就一定要用上承諾的概念。更具體來說，賣家若能讓買家相信他無意降價求售（即使這樣做會讓交易告吹），就比較有可能以他想要的價格成交。即使買家認為交易告吹對賣家的損失大於降價求售，賣家堅持不降價還是比較有機會得逞。在國際糾紛中，其中一方若能讓另一方相信他們不會讓步（即使發生軍事衝突也在所不惜），不妥協的那方就可以在談判中占上風。就算武裝衝突沒有真的發生，堅不讓步的一方還是能夠占上風，也許反而更容易占有優勢。

　　承諾的關鍵規則，在於做出承諾的那一方，必須要真的願意承受必要的損失，光靠嘴砲是不夠的。真正的承諾很難偽造，不然一天到晚都會有人虛張聲勢，到頭來就沒人會把它當一回事了。像是蓋達組織跟伊朗這類宗教狂熱運動或國家之所以能夠叱吒風雲，就在於他們能夠做出可信的承諾，為了宗教理念願意犧牲自身福祉甚至人命，這使得他們能夠獲得相當大的談判空間。

　　古日耳曼的野蠻人部落渡過萊茵河攻擊羅馬帝國時，會燒毀身後的橋梁，對敵人宣示他們破釜沉舟、沒有退路的決心。至於我們這些沒辦法燒橋以示決心的人，情緒就是在各式各樣的日常生活衝突中，為我們爭取斡旋空間的寶貴工具。比方說當我們表現出憤怒時，便表明了我們對於傷害或輕侮將會猛烈

回擊、拳腳相加，即使會對我們自身造成傷害也在所不惜。倘若我們完全理性，就無法這麼輕易地嚇阻對方。

　　舉個例子來說明理性情緒多麼有用。想像你跟家人在國外度假結束之後，現在人在機場等著回家，卻在表定登機時間前半小時，被告知航班取消。你沒有選擇，只能去旅館住一晚，隔天再回到機場。接下來請再想像兩種可能情境：在情境一中，你看到身邊其他的航班乘客，靜悄悄地接受了這個狀況，并然有序地準備離開航廈。登機門已經關閉，滿懷歉意的航空公司提供你免費接送服務，把你送往你選定的旅館。在這種情境下，你不太可能表達自身的憤怒，比較適合出現的情緒是失望跟沮喪。

　　現在請想像另一種情境：在你被告知航班取消之後不久，你碰上一位原本也要搭乘同一班飛機的舊識，她跟你說，當航空公司宣布航班取消，她就直接跑去找航空公司人員，表明她一點也不打算逆來順受，並要求他們馬上找出能夠讓她當天回到家的解決方案。你朋友很自傲地說，航空公司立刻聯絡另一家航空公司，並幫她訂好 1 小時後回家的機位。

　　我想在第二種情境中，你的情緒狀態應該會跟第一種情境截然不同。你體內血液的腎上腺素會迅速上升，等到你也前往航空公司櫃台，要求他們為你提供同樣的解決方案時，你會表現出容易引起注意的生氣徵兆。事實上，你不只是會表現出生氣的徵兆，你真的會生氣。你只要在意識或潛意識中，感覺到

生氣有助於達到目標，你就會開始生氣。

在第二種情境中生氣，可讓你做出可信的威脅。假如你在跟航空公司人員交涉時，提到他們若不提出馬上解決問題的方案，你就要提告，你的情緒狀態可能會強化你這項威脅的可信度。畢竟一個完全根據理性算計採取行動的人，不太可能為了區區小事，投資時間與金錢，大費周章提出訴訟。相反地在第一種情境下，生氣沒什麼用，因此你就不太可能會生氣。

在第二種情境下會生氣，是大腦的認知功能以及負責控制情緒的邊緣系統之間驚人的交互作用所致。這個過程發生在大腦的前額葉皮質，這個部位在大腦演化發展晚期才形成，而其他動物的大腦根本沒有前額葉皮質。

理性情緒的運用策略

不過正面的情緒也可以用來表示承諾。愛或敬仰等情緒能夠讓他人知道，即使代價很高，我們也願意跟他們並肩協力，從而影響他們對我們採取的行為。倘若情緒的作用是要讓我們立下可信承諾，這些情緒就必須要有可信度。有些人能夠把情緒「演」得十分可信，不過就一般大眾來說，具有這種能力的人少之又少。倘若我們都能夠完美地假裝情緒，那就沒有任何理由要認真看待他人的情緒反應，真實不虛的情緒反應也就不具有演化優勢。有天分的舞台劇以及電影演員，主要都是靠表

現出內心真實的情感反應，來演繹情感張力強的角色。他們通常是藉由回想相吻合的情感經歷來達到效果。某方面來說，他們並不是在演戲，而是再次體驗過往情境。關於可信度的問題，我們稍後還會再進一步討論。

並非我們每一種情緒反應，都具有理性基礎。事實上，大多數的情緒反應可能並沒有理性基礎，甚至在很多時候，情緒有可能會傷害我們。然而，人類有個很棒的特質：我們甚至能在不自覺的情況下，有策略地運用情緒！大多數時候，並不需要任何複雜的算計便能利用理性情緒，小朋友有時候做得還比大人更好。在遊樂場上摔跤，有些輕微擦傷的小朋友，如果老媽在視線內的話，就比較會哭出來；倘若老媽不在現場，他就比較有可能自己站起來繼續玩耍，甚至可能撐到老媽來了才放聲大哭。就連完全自發性的情緒，也會大大地受到環境影響。某個特殊情境在某些情況下令人興奮（比方說快放學時，聽到時鐘的滴答聲），在其他情況下則令人惱火（比方說在候診室枯等時，聽到時鐘的滴答聲）。我們在某些情況下，對某人能夠感到同情或感同身受。但是在不同的情況下，對同一個人卻會感到輕蔑或生氣。

在議價跟談判時，運用理性情緒跟承諾是常見的策略。在一般的談判情境中都可以看到生氣、侮辱或同理心等情緒，這些情緒會影響到談判者的議價本錢。當工會領袖公開聲明，管理階層的最新提議簡直是令人難堪時，他這樣說是為了增加工

會的談判籌碼。然而這類聲明通常沒有實質意義，主要是希望它能在工會領導幹部以及工人心中，營造出他希望產生的侮辱感——若是工會從原本信誓旦旦地要拒絕管理階層提議的承諾退下陣來，就得付出相當大的代價，因此工會不會輕易妥協，進而使得管理階層有動機提出較佳的提議。

人們討價還價的本事有好有壞，有時候這是因為人們產生、控制理性情緒，或是察覺他人的理性情緒的能力有別。在頂尖的商學院裡，有一大堆教授談判技巧的書籍，主張在談判過程中，要幾乎完全忽視情緒的存在，然而我對於這個觀點，抱持相當保留的態度。

耶路撒冷希伯來大學心理學教授馬雅・塔米爾（Maya Tamir）在一項有意思的實驗中，透過讓受測者聽音樂的方式，來讓他們產生情緒狀態。[1]有些音樂具有放鬆效果，有些則會產生刺激性，甚至令人惱怒。塔米爾把受測者分成兩組，其中一組受測者需個別去參加一場跟別人議價、商討如何分錢的任務，另一組受測者則是參加一場必須通力合作的任務。在進行這些任務之前，受測者要選擇聽一段音樂。塔米爾發現被分配到討價還價如何分錢的那一組，選擇聽惱人音樂的受測者比例，比另一組高很多。此外，議價組中選擇聽惱人音樂的受測者，其成果也遠比選擇聽放鬆音樂的人好，最後拿到的錢更多。

能夠適度運用情緒反應的談判者，會具有談判優勢，不過

能夠控制並節制這些情緒的能力也很重要。很多時候即使明明有個對雙方都有利的協議，而且雙方都知道差一步就能達成協議，談判最後卻還是破裂，這通常是因為某方（或雙方）囿於由情緒主導、但另一方無法接受的承諾。以色列人跟巴勒斯坦人的和平談判老是破局，就是一個很好的例子。在這種情況下，情緒不但無助於談判，反而還主導了談判。當談判者過於渲染憤怒與猜忌的情緒，就會抹煞彼此為了達成妥協方案的努力。

無所不在的自我承諾

到目前為止，我們在討論的都是對於他人的承諾。有趣的是，我們也會用類似機制，對自己做出承諾，在當下採取一些對於未來會產生影響的行動。購買健身房會籍就是一個鮮明的例子。健身房會籍所費不貲，因而產生要好好使用這些健身設備的自我承諾。另一個例子是我們許多人得了檢查電子郵件的強迫症，頻率高到會影響工作時的專注度，因此有個很受歡迎的電腦應用程式，可讓使用者在特定時間內無法收發電子郵件。一旦使用者承諾在某段時間內無法收發電子郵件，就沒有後悔藥可吃，只能靜靜等待這段時間結束。乍看之下這樣做相當不理性，因為這等於是限制自己的行動自由，主動削減我們原本擁有的選擇權。然而在這些例子中，我們寧願限制自己的

自由，因為我們的長期欲求跟當下欲求往往相背馳（通常我們會把當下欲求稱為「誘惑」）。我們的長期欲求，是想要藉由經常上健身房，擁有完美的體態，但是我們的當下欲求，卻往往是想找間距離最近的好吃餐廳，而不是在健身房裡爆汗。自我承諾讓我們在面對誘惑之前，就提高臣服於當下欲求的代價。

我們經常使用自我承諾這招而不自覺。倘若我們想減肥，必須嚴格節食，就可能會刻意避免走進吃到飽餐廳，限制自己只能去點菜的餐廳吃飯。倘若我們努力想要戒菸，就會昭告親友，如此一來抽菸的代價就會變得極高──全天下都知道你戒菸失敗，丟臉死了。

在理論跟實證經濟學研究裡，自我承諾都占有一席之地。自我承諾形成了財務儲蓄的基礎，每個牽涉到財務儲蓄的決定，實際上都有自我承諾的成分，因為我們不斷受到誘惑，老是想要今天就消費，而不是把消費延緩到遙遠的未來某一天。

因此在財務責任甚至世界金融中，憤怒跟羞恥感扮演相當重要的角色。最近拖垮許多國家經濟的債務危機，有可能就是肇因於那些國家的國民以及政府，普遍欠缺自我承諾所致。要是那些人不要那麼會算計，稍微情緒化一點，故事結局說不定反而比較好！

2
自我防衛的情緒機制

為什麼我們會愛那些對我們殘忍的人？當外在權力結構對我們不利時，情緒機制會調節我們的受辱感及憤怒感。

1973 年 8 月 23 日，一群搶匪闖入位於瑞典斯德哥爾摩諾瑪姆斯托格廣場（Norrmalmstorg Square）的信貸銀行分行，把幾位銀行員工關在保險庫裡扣為人質，與有關當局僵持了 5 天之後投降。不過接下來發生的事情相當詭異：經歷了被囚禁夢魘的銀行員工，大多在接受媒體訪問時，表達對綁匪的支持與同情。有些人甚至在後續審判時，表示願意擔任綁匪的品格證人。

這些事件發生之後過了大約一年，出版界大亨威廉·藍道夫·赫茲（William Randolph Hearst）的孫女派翠西亞·赫茲（Patricia Hearst），被自稱為「共生解放軍」（Symbionese Liberation Army，SLA）的激進共產主義組織綁架。該團體跟義大利紅色旅以及德國紅軍派類似，意圖透過一系列的恐怖行

動，推動其激進左翼目的。派翠西亞・赫茲在歷經兩個月的囚禁生活之後，決定加入綁匪陣營，對媒體發布聲明，她將與家族斷絕關係，成為 SLA 的一分子。不久之後，派翠西亞・赫茲與 SLA 的其他成員，發動了一場失敗的銀行搶案，她也因此被捕。

斯德哥爾摩症候群

　　這兩起案件再加上其他類似事件，使得心理學家與精神病學家，發現了一種名為「斯德哥爾摩症候群」（又稱「赫茲症候群」）的心理現象。演化心理學的研究者認為，斯德哥爾摩症候群是一種在早期人類歷史發展而成的行為現象，以下為讀者說明這種症候群的標準解釋：在早期的狩獵採集社會中，個別部落為了有限的食物來源彼此競爭，經常因此導致部落間的衝突。在這種情況下，男性常常會綁走敵對部落的女性成員。天擇會偏好能夠成功融入新部落環境，讓自己落地生根的女性，她們存活下來之後，甚至會為俘虜她們的人生孩子。無法在情感上認同綁匪的女性，通常無法存活下來，就算存活下來往往也沒有後代。

　　我不認為這是能夠令人完全信服的說法。首先，斯德哥爾摩症候群除了會影響女性，也會對男性產生影響。再者，這種症候群有各式各樣的表現形式，相較之下，演化論的解釋太過

狹隘而局限。

　　斯德哥爾摩症候群只不過是我們多少都有一點、更為廣泛的某種症候群的最極端表徵方式——也就是當我們跟權威人士有關係時，就會對他們產生正面情感。人們往往會執著於這些正面情感，就算那些權威人士對待他們不公不義也無所謂。人們能夠改變自身處境的機會愈少，就愈會對權威人士表達正面情感，對於自己受到任何不公的對待，都會覺得自己咎由自取。這樣的例子不勝枚舉：被家暴的婦女拒絕離開丈夫，員工無來由地容忍慣老闆的無理行為，重要的顧客趾高氣昂、舉止失格。

　　我指的並不是我們完全知曉自己落於下風，明白表達自身的憤怒只會造成反效果，因此基於策略考量選擇忍氣吞聲。我指的是我們對於那些傷害我們的個人，表現出荒謬的同情，或是單純只因為他們掌控大局，就全然忽視其行為。相較之下，倘若對方只是個臨時性的長官，或是無足輕重的顧客，我們就會立刻表達內心的不滿，除非這樣做的代價非常高。

　　很多時候當外在權力結構對我們格外不利時，情緒機制就會跟認知機制偕同運作，適度調節我們的受辱感及憤怒感。這屬於理性情緒行為，程度適中的話可提升我們的存活率。然而在受家暴婦女之類的極端情況之下，同樣的行為模式卻可能對我們極為有害。權威人士只要對我們施些小恩小惠，情緒機制也會誇大我們感激的程度，使我們過分強調這些小恩小惠的重

要性，從而於理無據地相信權威人士擁有純直良善的品格。這就是警察採用「扮黑臉，扮白臉」的審訊策略之所以會成功的祕訣：壞警察扮完黑臉卻未能得到嫌犯自白，打從心底關懷嫌犯權益的好警察，就會像個天使般突然現身，為他送上咖啡或香菸。

同理惡者：自我保護策略

我是從我父親告訴我的一個故事裡，了解到這種小恩小惠具有多麼大的情緒力量，即使是由格外駭人的權威人士來做也不例外（說不定還特別有用）。在 1932 年，我的父親漢斯是德國柯尼斯堡康德小學唯一的猶太裔學生，他對於歷史老師葛魯伯博士的印象格外鮮明。葛魯伯是位虔誠的天主教徒，同時也是納粹的死忠支持者，他無視於威瑪共和國的官定版課綱，而是自己有一套反猶太的種族主義課程，教導學生德國是人類文明的搖籃，猶太人則是尼安德塔人的後代。他對於我父親的猶太裔背景一清二楚，老是在其他學生面前羞辱他，並以此為樂。比方說有一次我父親就被叫到教室前面，要他說說耶穌被釘上十字架的故事。葛魯伯也完全無視威瑪政府嚴禁在學校進行政治集會的禁令，他在上課時毫無節制地進行納粹遊行，並且演變成例行公事。我父親回家後有點猶豫地提起這件事，讓葛魯伯差點丟了工作。在那之後他就比較不會把我父親叫到教

室前面去，卻始終盯著他的一舉一動。

葛魯伯在 1933 年 2 月初，在學校舉辦了一場慶祝希特勒當選德國總理的大型典禮。前任政府限制在學校進行政治活動的禁令一晚翻轉，隔天早上 8 點學校就備好了帶有卐字標誌的旗子跟橫幅。我父親又怕又氣，覺得他無法參加這場遊行，因此把旗子交給站在他前面的男孩，偷偷溜走了。

我父親從學校的遊行場迅速開溜，跑進建築物躲在廁所裡。但即使人在廁所，他還是聽到有人在某個隔間裡唱納粹黨歌。他還來不及聽出唱歌的人是誰，隔間門就被打開，他發現自己跟穿著上漿衝鋒隊制服的葛魯伯博士面面相覷。

我父親立刻轉頭就跑，葛魯伯在後頭一邊追著，一邊試著扣上褲子拉鍊頂端的鈕子。「漢斯·溫特，給我站住！」葛魯伯扯開嗓子大吼。我父親才不聽他的，反而加快腳步落跑，他迅速跑過學校操場，直接衝進城裡鬧區，我父親覺得如果他能夠在葛魯伯逮到他之前，跑到半哩之外叔叔的小麥進口公司辦公室，他就安全了。我爺爺很可能也在那裡，倘若他看到葛魯伯想要幹麼，就會想辦法讓我父親轉學，他就再也不必跟葛魯伯打交道了。

柯尼斯堡的 2 月氣溫經常遠低於攝氏 0 度，我父親運氣很不好，當天街道上有一層厚厚的冰，他在寒冷透骨、滑不溜丟的街道上死命跑了好幾分鐘之後，一個沒踩穩就摔在人行道上，摔傷了一條腿。他躺平在地上痛苦地哀嚎時，聽到上氣不

接下氣的葛魯伯逐漸接近。他很確定再過幾秒鐘，葛魯伯就會整個身體重壓在他身上，把他的頭壓進冰裡，而且沒有人會來把他從葛魯伯怒不可遏的報復中拯救出來。

接下來發生的事，對我父親人格造成的影響——無論是好是壞，比納粹在德國掌權那一年所發生的任何其他事件，都還要深遠。

葛魯伯小心翼翼地接近這時努力在裝死的我父親，把他抱了起來。葛魯伯輕聲問道：「漢斯，怎麼啦？讓我看看你哪裡受傷。」葛魯伯溫暖地抱抱我父親之後，就小心地檢查他摔傷的腳。我父親也小心翼翼地看著葛魯伯，但他還是點了點頭，表示腳沒有那麼痛了。葛魯伯接著協助我父親站起，拍了拍他的頭，指向附近一間咖啡店。葛魯伯付帳幫他點了杯熱茶，外加一塊巧克力蛋糕。我父親隔著桌子，一臉狐疑地看著葛魯伯。

葛魯伯把下巴枕在手臂上，跟我父親的頭同樣高度。他解釋說他之所以要追在我父親後面，是要跟他和好，不是要傷害他。「事實上我想要跟你說的是，身為一名教育家以及你的個人導師，我認為自己對於你在校的健康福祉負有責任。沒有人能夠傷害你，無論是學生、老師還是誰都一樣。答應我，如果有任何人企圖傷害你，你就立刻讓我知道。」葛魯伯繼續這個調調，強調既然希特勒如今已成為德國領袖，尊重、正義以及正派自然會成為新納粹德國的標記。葛魯伯講完這篇演說之

後，就冷靜地吃他為自己點的蛋糕。

我聽我父親說過這個故事很多遍。每次他說到咖啡店那一幕時，就會眼眶泛淚、聲音哽咽。我父親會有這種反應，是因為他在德國念書的最後那一年，有許多不堪回首的記憶，還是因為他被窮凶惡極的葛魯伯追著跑時嚇壞了？我覺得兩者皆非，而是因為我父親在最意想不到的時間與地點，受到最意想不到的人善意對待。他似乎把葛魯伯當成英雄，事實上根本是把他當成正人君子。

為什麼可悲的葛魯伯只不過展現了幾分鐘的正派，就使我父親感恩戴德？我始終不敢直接問我父親這個問題，不過葛魯伯之所以會成為我父親多年來同理共感的對象，似乎正是因為除了葛魯伯平常就個性差、行為惡劣以外，他本來就很令人憎惡。

我父親的情緒反應是斯德哥爾摩症候群的中度表現。他小時候身處在被老師權威打壓的處境，那位老師在納粹統治開始那段非常令人懼怕的時期，讓他的生活變得非常悲慘。

那位老師以非常低廉的代價，博得學生的同理心——這是理性情緒作用下的結果，它保護了我父親的心理，讓他能夠撐過在德國最後那段艱困歲月。某種特定情緒在某個特定時刻可能是理性的，但即使我們早就不再需要那種情緒保護我們，它仍然可能深植在我們心中，留存數十年如一日。

3
正確判讀情緒的絕佳優勢

談判關鍵在於能準確判斷對手的情緒狀態。我們的情緒帶有
以任何其他方式,都絕不可能得到的論點以及事實。

　　理性情緒的效果,很大程度取決於其他人辨識這些情緒的
能力,更重要的是他們要相信這是真實不虛的情緒。在漫長的
談判過程中,我們很難不感到火大,不過倘若我們隱藏怒意,
對方也沒能察覺,這只會讓我們罹患胃潰瘍,無法讓我們取得
談判優勢。倘若你刻意表達出怒意卻立刻被識破,那對我們也
沒有好處,事實上還可能適得其反。「真實性」才是談判遊戲
的精髓。

　　我以前有個學生叫麥爾・梅舒藍(Meir Meshulam),他
有一次跟幾個人一起去找朋友玩,時間拖得比較晚,於是他們
訂了一客披薩,但是披薩卻沒來,這些年輕人等得愈來愈不耐
煩。後來其中一個人的老爸來了,他冷靜地問他們有沒有打電
話叫披薩店快點出餐,答案是電話早就打了,但披薩店跟他們

說還在做。

這位老爸決定教教這群年輕人怎麼樣「把事情搞定」。他立刻打電話給披薩店，從冷靜的姿態一下子換上誰都看得出來的憤怒，並對著電話線另一端的人吼道，要是 5 分鐘之內披薩還沒送到，他家就再也不會跟他們訂披薩。他在打電話這段時間表現出來的憤怒，看起來也許完全是裝出來的，畢竟他幾秒鐘前還一派冷靜的模樣。但是在他掛掉電話之後，那群年輕人卻清楚地聽到他很生氣地說：「王八蛋！」結果披薩在 15 分鐘內安全送達。

這段軼事的重點在於，我們有時候能夠有意識地引發真實的情緒，即使我們是出於策略才這樣做亦然。幾年前，半島新聞台為製作一段關於以色列科學與教育發展的廣播而訪問我，我對於有機會能夠讓半島電視台的阿拉伯觀眾，對以色列產生一點同情，感到十分開心。事實上，那是我接受訪問的主要目的。

那次訪問進行了好幾個小時，開頭是一些與賽局理論有關的問題，接下來問到我當時擔任主任的理性研究中心的成果貢獻。不過之後他們就開始問比較私人的問題，採訪者很想要知道我的家庭背景，比方說：我父母在哪裡出生？他們在哪一年搬到以色列？我小時候有聽過巴勒斯坦的歷史嗎？我僅稍微提到我母親那邊的家族在耶路撒冷已經世居六代，卻對我父親一路逃離納粹德國的歷史侃侃而談。我詳細敘述了我父親以及叔

叔在 1933 年，被迫在沒有父母陪伴的情況下離開德國，艱辛萬分地橫越歐洲，設法抵達第里雅斯特港，登上駛往巴勒斯坦的船，以及我父親——生於富裕的德國猶太家庭，如何努力在人生地不熟的新環境裡生存。我最後還提到了他後來聽到留在德國的親戚，在納粹集中營被殺的消息之後，心裡受到了何等創傷。

　　同樣的故事，我已經跟親友說過幾十遍了，以前講述時幾乎沒有任何情緒反應。然而當我坐在半島電視台的攝影機前，眼淚卻奪眶而出。事後回想起來，我發現我是為了要引起電視觀眾的同情，下意識地讓自己變得比較情緒化，但這一切都不是裝出來的，我的眼淚裡盈滿了真實不虛的悲傷。

獨裁者賽局：當憤怒作為一種手段

　　我最近跟梅舒藍在理性研究中心共同進行一項實驗。[1] 我們在受測者皮膚貼上電極貼片，透過儀器蒐集脈搏率跟皮膚導電度等資料，藉此測量受測者的情緒緊張程度。

　　我們讓受測者進行簡單的獨裁者賽局。我們給其中一位玩家一筆錢，比方說 100 美元，然後跟兩位玩家說，拿錢的那位玩家可以選擇跟另一位玩家分錢，也可以選擇自己獨吞，選擇權完全在他手上，端看他想要多慷慨。我們想要知道在這場遊戲中，處於被動角色的受測者的情緒反應，所以給這些受測者

接上皮膚導電度測量儀器。

受測者分成三組，每一組受到的待遇都不一樣。我們跟第一組受測者說，儀器會測量他們的憤怒程度，還跟他們說倘若獨裁者玩家只分給他們一點點錢，他們會獲得補償。此外我們還跟他們說，他們得到的補償金額，會跟他們只從獨裁者玩家那裡得到一點點錢時的憤怒程度成正比：他們愈生氣，就會拿到愈多錢。

我們跟第二組受測者說，儀器會測量他們從獨裁者玩家那裡得到一大筆錢時，所感覺到的快樂程度。此外我們還跟他們說，倘若我們測出他們覺得很快樂，他們會拿到一筆跟他們快樂程度成正比的獎金。第三組的情況跟第二組類似，只差在我們要求他們，在知道獨裁者玩家分給他們多少錢之後要保持冷靜，愈冷靜獎金愈高。

圖 3-1 顯示實驗受測者的情緒反應。情緒反應是用皮膚導電度測量儀器，以及問卷調查加以評估。問卷設計採迂迴問法（indirect question），數十年來一直都能夠成功辨識受測者的情緒狀態。

由圖 3-1 可明白受測者很明顯地會對獎賞產生反應。第一組受測者在只拿到一點點錢的時候，很明確地表現出憤怒，相對地那些要感到快樂才能拿到獎金的受測者，在只拿到一點點錢時，並不會多生氣。有意思的是，我們也發現第二組受測者為了拿到獎金表現出快樂的能力，遠遜於第一組受測者表現憤

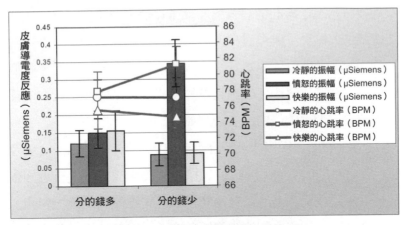

【圖 3-1】受測者的情緒反應

怒的能力。這可能是因為皮膚導電度測量儀器對於快樂較不敏感的緣故，不過也可能是人類在有需要時，對外表現憤怒的能力遠比表現快樂的能力好。雖然憤怒讓人很不開心，卻能比快樂更有效地在社交情境中建立承諾。這也就意味著天擇偏好大腦結構習於表達憤怒的人，因此使得人們整體而言更容易生氣。

情緒辨識研究

我們全都具有辨識他人情緒狀態的能力。若是無法辨識他人情緒，就會大大限制我們的社交能力。倘若我們無法察覺他人是否覺得我們很迷人，就會限縮我們繁衍後代的能力；倘若

我們無法判讀他人的情緒，就連能否存活也會受到威脅，因為這跟我們的社交互動息息相關。似乎早在人類認知能力的演化過程中，人類便發展出能夠從他人臉上判讀情緒的能力。這個過程發生在杏仁核，它是負責掌管情緒的大腦邊緣系統的一部分，位於人類大腦最內部、最原始的部位。

大腦科學家安東尼歐·達馬吉歐（Antonio Damasio）及其同事在 1990 年代，針對杏仁核受損的受測者，進行過好幾項研究。這些受測者能夠輕易認出臉孔，也能夠正確配對認識的人臉照片，卻完全無法辨識臉部表情，也無法把這些表情跟情緒狀態連在一起。

大腦科學研究領域最有意思的發現之一，與負責臉部辨識的腦區「梭狀回」（fusiform gyrus）有關。[2] 臉是我們對周遭環境表達情緒狀態的終極工具，下回你搭公車或在銀行排隊時，可以做個簡單的小小實驗，瞪著一個本來沒有在看你的人，不出幾秒鐘他就會回頭直直望向你。我們對於笑容的反應也相當厲害，大多數人都很能夠看出誰在強顏歡笑，因為裝出來的笑容跟自然的笑容，用到的肌肉不一樣。不過大多數人卻無法說明，假笑跟真笑為什麼看起來不一樣。

英國最近有一項有趣的實驗，非常清楚地指出臉部表情的影響力。實驗人員在擁擠的辦公室裡放了台咖啡機，並在上方懸掛個標記，要那些給自己倒杯咖啡的人，在旁邊的零錢箱裡投入 1 英鎊。過了一星期之後，實驗人員結算咖啡機倒出了多

少杯咖啡，以及零錢箱收到了多少錢，毫不意外地發現許多人無視標記，喝了霸王咖啡卻沒付錢。

實驗人員第二週在咖啡機上方加掛一張照片，照片中有一對眼睛直直地看著使用咖啡機的人。這個簡單的改變造成了相當大的行為效應：過了一星期之後結算，零錢箱裡的金額與咖啡機倒出的咖啡杯數，變得相當接近。

平分或全拿：另類的囚犯困境

為了估算人類辨識另一個人精神狀態的能力有多好，有位研究員透過英國知名益智節目《金球》（*Golden Balls*）的「平分或全拿」（Split or Steal）環節，進行了一項有趣的實驗。這個節目要兩位玩家回答一連串瑣碎的問題，每答對一題就會得到一筆錢。一輪問題問完時，他們就必須要決定如何瓜分這筆累積獎金（有時候可能高達數十萬英鎊）。兩位玩家各自祕密選擇「平分」或「全拿」，倘若他們都選擇平分，就會平均瓜分累積獎金。相反地倘若有位玩家選擇平分，另一位卻選擇全拿，選擇全拿的就會拿到整筆獎金，選擇平分的則只能空手而歸。倘若兩位玩家都選擇全拿，那他們將會一無所得。玩家在選擇平分或全拿之前，會先進行一段為時 30 秒的面對面交談，討論他們打算怎麼選擇。這個賽局非常類似著名的「囚犯困境」，我們會在本書後面的章節討論。

倘若你是節目玩家，就純金錢的觀點來看，你選擇全拿永遠占有優勢。倘若另一位玩家選擇平分，而你選擇全拿，你的報酬就會倍增。另一方面，倘若另一位玩家打算選擇全拿，那麼無論你選擇平分還是全拿，都不會得到任何報酬，不過你可能寧願那位貪婪的夥伴同樣拿不到半毛錢。這話說來荒唐，但倘若兩位玩家都完全知道這套推論，並且據此行動的話，他們誰都拿不到錢，不得不跟他們努力合作累積下來的數十萬英鎊獎金說掰掰。

我非常推薦你看看 YouTube 上面的比賽影片，只要輸入節目名稱就能找到。在短短的玩家交談時間中，他們都會盡絕大的努力，試圖說服對方他完全沒想過要選擇全拿，因為這樣會在數十萬觀眾面前丟盡臉面，讓他的個人名譽受到無可彌補的損傷。許多上節目的玩家都非常誠懇地做出這樣的聲明，但是才過幾秒鐘就發現他們都選擇了全拿。

哈特的實驗：提升動機，更精準預測

我在理性研究中心的一位同事艾納芙・哈特（Einav Hart），想要知道玩家能否藉由增進他們辨識他人精神狀態的能力，從而增加他們正確預測另一位玩家選擇的機率。她讓實驗受測者觀看競賽錄影片段，然後要受測者根據玩家在交談期間說了什麼，預測其中一位玩家的選擇，每猜對一次就給一筆獎金。受測者在做出預測之後，還要再預測另一位玩家的選

擇，不過這回就不再提供猜對的獎金。哈特的實驗結果顯示，受測者在有獎金的情況下，做出正確預測的能力高得多。

這項實驗結果與其他幾項研究相反，那些研究大多是由心理學家進行，而他們的研究結論是人們無法穩定地辨識他人情緒狀態的真偽。不過倘若真的沒有能夠增進人們辨識情緒狀態真偽的方法，那麼給獎金就不可能會有任何效果。然而，在哈特的實驗中，提供受測者獎金，他們做出正確預測的能力卻有顯著差異，這表示我們確實有些能夠辨識情緒真偽的潛能。但這些能力似乎需要大量的專注度與注意力，倘若我們相信努力會有回報，就會比較願意用上這些能力。先前那些未能發現我們有辦法辨別情緒真偽的研究，有可能是因為沒有提供實驗受測者充分的動機。經濟學家在進行實驗時，大多會提供獎金作為激勵，理性研究中心進行的實驗也大多如此，然而心理學家做實驗時，通常不會這樣做。

在實驗室外的真實世界中，當個體能夠辨識假情緒，就會得到獎勵，搞錯了則會受到懲罰（獎懲不一定是金錢）。這就是為什麼像哈特那樣提供激勵，對於研究人類辨識情緒能力非常重要。哈特的實驗測試的是競賽觀眾辨識情緒的能力，我們可以合理地假設，玩家的情緒辨識能力應該會更加敏銳。

卡萊的實驗：人類是高超讀心者

財金學教授亞夫納・卡萊（Avner Kalay）幾年前在美國

針對這個主題進行實證研究。[3] 他研究美國一個跟《金球》非常類似，名叫《是敵是友》（*Friend or Foe*）的益智節目，其玩家的行為資料。他看了好幾年裡數百集的節目內容，記下四種可能結果的相對頻率：（全拿，平分）、（平分，全拿）、（平分，平分），以及（全拿，全拿）。

　　卡萊發現兩個驚人現象。首先是兩位玩家同時做出同樣選擇的頻率相當高，換句話說就是他們經常會選擇（平分，平分）以及（全拿，全拿），比較不常選擇另外兩個可能性。第二項發現更令人吃驚：選擇全拿的那些玩家，他們贏得的獎金平均來說，跟選擇平分的玩家幾乎一樣。（我應該要強調一下，這完全是平均而言。在任何一場競賽中，兩位玩家只有在做出相同選擇時，才會得到同樣的報酬。）

　　這似乎有點令人費解，因為我們先前已經確認了倘若另一位玩家選擇平分，你選擇全拿就會得到更高的報酬，而如果另一位玩家選擇全拿，那無論你選擇什麼都沒差。那麼在卡萊的研究中，兩種選擇給玩家的平均報酬怎麼會沒有差別？答案很簡單：你若選擇全拿，就無法完全瞞過你的夥伴，因此他也比較有可能選擇全拿，你就更有可能空手而歸。卡萊的研究結果顯示，這使得兩位玩家比較會做出相同的決定，要不就一起選平分，要不就一起選全拿。即使他們兩個在對話期間，都很自然地聲稱自己一心一意只想選擇平分，然而他們真正在做的事，是在對話時試著解讀對方的心意，然後才做出決定。人類

就是因為具有正確判讀情緒的能力，才會使得玩家的選擇同步。

機率之外的致勝關鍵

我們已經指出這項能力在許多情況下非常重要，不過就跟許多其他的人類能力一樣，並非每個人在這方面都具有同等的天分。幾年前有一位知名律師跟我聯絡，要我為委託他的一間公司擔任賽局理論專家證人。那間公司打算做個撲克賽局網站，然而禁止網路博弈的法律明確禁止以機率作為勝負主要因素的賽局，不過倒是允許以技巧作為勝負關鍵的賽局。倘若我能幫他們說服庭上，撲克是個著重技巧而非機率的賽局，便可解除建構撲克網站的禁令，我則會拿到一筆優渥的酬勞。

我回絕了他的委託，雖然有點是出於直覺果斷回絕，不過這個決定不太理性，比較像是情緒化的結果。事實上撲克確實是個講究技巧的賽局，靠機率勝出的成分相對較低。撲克的精髓在於正確判斷對手的情緒狀態。小時候每逢假日我們全家都會跟我媽七個兄弟姊妹的家庭，去外婆家一起吃飯，家族裡的男性在飯後就會移駕陽台，開始玩撲克，我們小朋友則是會非常有興致地看熱鬧。起初我們會小賭一番，看看當天誰是大贏家，誰會輸得一屁股，但我們很快就發現下注根本沒有意義，因為艾茲拉舅舅老是贏錢，我老爸則總是輸得灰頭土臉。

雖然轉手的賭資不算多，不過賽局引起的緊張感跟情緒卻相當深刻，每一輪賽局結束時，玩家都會明顯表現出歡喜或憤怒。賽局進行時則是絕對靜默，就連小朋友也會屏息以待。

　　我爸很少四處張望，他會完全沉浸在卡牌中，思索要打哪張牌，要棄哪張牌，要加碼多少，什麼時候要蓋牌。他在等待其他玩家出牌時，會在座位上緊張地換姿勢，手指不停地敲擊桌子。相反地，艾茲拉舅舅總是一派沉著冷靜，他幾乎從不看手上的牌，反而是盯著我爸看，彷彿在好奇地觀察他的一舉一動。

　　我爸有時候會試著採用艾茲拉舅舅的方法，但他始終沒能像艾茲拉舅舅那樣面無表情，也從來沒能從艾茲拉舅舅的臉部肌肉，成功解讀出他手上究竟有什麼牌。艾茲拉舅舅的撲克技巧比我爸高明多了，因為他有辦法辨識出其他人的心理狀態，同時還能隱藏自己的心理狀態。

　　世界猜拳協會（World Rock Paper Scissors Society）是另一個類似的例子，他們每年舉辦一次國際賽，吸引 500 名參賽者，爭取高達 1 萬美元的獎金。我們大多數人會認為猜拳純粹是個機率賽局，然而卻有玩家能夠一直贏，決定因素還是在於他們能否辨識他人的意圖，並且隱藏自己的意圖。

同理心與鏡像細胞

在比撲克或猜拳更複雜的社交情境裡，若想辨識他人的意圖，需要更細微地洞察情緒。這與能否對他人產生同理心，有很強烈的關係。

同理心是一種在我們跟他人還不是很熟的時候（甚至是對於電影或小說中的虛構人物），就能夠體會他們情緒經驗的能力。這個不可思議的現象，具有相當古老的演化根源。義大利在 2004 年有項很有意思的研究指出，猴子在出生後不需要經過冗長的學習過程，就會立刻開始模仿其他猴子的行動。[4] 這項能力可追溯到大腦中負責模仿功能的「鏡像細胞」（mirror cell），也就是在動作發生的過程中（尤其是運動動作[motor action]），神經元會放電。有意思的是，當他們看到另一個個體在進行同樣的動作時，他們的同一組鏡像細胞也會放電。比方說一隻黑猩猩舉起左手臂，這個動作會引發神經元放電。而當黑猩猩看到另一隻黑猩猩舉起左手臂時，旁觀的黑猩猩腦內某些神經元也會放電，即使那隻旁觀的黑猩猩沒有、也無意舉起左手臂，同樣會發生那種情況。

我們對於猴子大腦所能進行的研究實驗，顯然可以比人類實驗更具侵入性。植入猴子大腦的電極，可以辨識出個別細胞層級的帶電活動。雖然鏡像細胞存在於人類身上的實驗證據比較間接，但仍相當具有說服力——主要是以功能性核磁共振造

影（fMRI）顯示大腦各區域增加的耗氧量為依據。fMRI 顯示一個人做某個特定的運動動作時，大腦某些區域會產生活動，而當他看到別人也在做同樣的動作時，那些區域同樣會產生活動。

多數大腦科學家對於「同理心是鏡像細胞活動的結果」已有共識。不過負責肢體動作的是運動鏡像細胞，同理心則是源自於情緒鏡像細胞。2009 年有項研究利用 fMRI，指出小朋友看到電影中有人承受痛苦時，他們自己感受到痛苦時會活化的腦區也會產生活動。針對成人進行的研究也發現類似的現象，給受測者觀看人們悲傷或恐懼的照片，他們相關的大腦區域同樣會產生活動。

心智理論

同理心這個能力，跟哲學與心理學裡一個非常重要的概念「心智理論」（Theory of Mind，ToM）有關。ToM 並不是一個科學理論，而是在講人類對於他人的情緒狀態、信念以及意圖，也能夠形成看法的能力。ToM 被認為是人類有別於其他生物的一項重要特色。我們在 2 歲小朋友身上，就能夠看到 ToM 的存在：當旁人望著房間裡的某個物品時，他們也會轉頭凝視同樣的物品。

到了 3、4 歲左右，ToM 能力就會有顯著進步，這個年紀

的小朋友通常能夠分別他們自己知道什麼，其他人又知道些什麼。你可以找個 4 歲小朋友做個實驗：拿兩個顏色不一樣的箱子，比方說一紅一黃，再帶上一小根糖果棒，當著小朋友跟另一名大人的面，把糖果棒放到紅色箱子裡，然後要大人離開房間。等到大人離開之後，只剩下小朋友在場時，把糖果棒從紅色箱子移到黃色箱子。接下來再把大人請回房間裡，然後問小朋友他覺得那個大人覺得糖果棒在哪個箱子裡。倘若小朋友正確地回答說是紅色箱子，他就展現出健全的 ToM 能力。不過倘若小朋友罹患會妨礙 ToM 的自閉症譜系障礙，即使年齡更長也不一定能夠通過測驗。

我打算跟幾位精神病學研究員共同展開一項研究計畫：透過賽局理論來增進對 ToM 的理解。藉由最後通牒賽局、信任賽局等賽局（我們會在稍後章節探討），可讓我們發現哪些小朋友有輕度 ToM 習得障礙或輕微自閉症譜系障礙，卻仍成功通過標準測試。同理心之所以與 ToM 有關，是因為這兩者都以設身處地的能力為本。

你現在可以暫時閉上雙眼，試著想像自己雖然擁有認知能力，但是沒有 ToM，你就會發現這是非常駭人的情境。欠缺同理心跟 ToM 正是自閉症譜系障礙的常見症狀，而這也是患者在日常生活中經常面臨諸多困難的緣由。在這種情況下，雖然你意識清楚，完全知道周遭狀況，卻會覺得自己好像生活在另一顆星球，身邊滿滿都是行為跟反應全然無法預測的外星生

物。你根本無從得知搔自己左耳癢，會不會讓他們倍感受辱，引發攻擊性反應。你也不知道該如何獲取他們的信任，或是說服他們幫你找些食物。就算他們帶著善意接近你，你也不知道他們來者是善，還是打算要攻擊你，因此肯定無法與他們形成親密的連結，更甭論繁衍後代。

就跟你無法辨識一個人假笑時用上哪些臉部肌肉一樣，你也完全不可能光靠邏輯，就辨識出別人的情緒狀態及意圖——無論是在打撲克、談判或約會時皆然。能夠判讀他人情緒，並且回以他們想要獲得的訊號，這純然屬於情緒性的能力，同時也是做出好決定的重要資訊。我該蓋牌還是加碼？要妥協還是堅持？會得到香吻一枚還是一巴掌？我們的情緒帶有以任何其他方式，都絕不可能得到的論點以及事實。

4
賽局理論及倫理黃金法則

雙方會合作的動機在於「互惠互利」的情緒需求。情緒能創造出不存在於純粹理性思維世界的新平衡。

在所有社會科學文獻中，囚犯困境大概是最常被濫用的矛盾，但它還是繼續讓每個人著迷不已。無論你是否是職業研究員，都經常會發現自己被困在這種進退維谷的陷阱中。若是我們運用理性情緒，是否就能找出脫困之道？

我們先簡單回顧一下囚犯困境的內容：警方逮到了兩名銀行搶匪嫌犯，卻沒有充足的證據。倘若無法使至少其中一人承認犯案，警方就別無選擇，只能釋放他們。

兩位囚犯分別拘留在各自的囚室裡。問案的警察輪流把兩人叫到審訊室，提供他們以下選項：倘若你們兩個之中，有一人坦承犯案，另一人拒絕承認，坦白者予以釋放，拒絕承認的人則會被處以 5 年徒刑。要是你們兩個都坦承犯案，那你們兩個都會被判刑，不過坦白從寬，你們只會被判處 4 年徒刑。囚

犯也知道只要他們兩個都不承認犯案，警方就無法起訴他們搶銀行，只能起訴他們在警匪追逐中有危險駕駛行為，判處短短1個月的徒刑。

面對警方的提議，這兩名囚犯須分別做出決定，但是由於他們被拘留在各自的囚室裡，沒有任何串供機會。那麼囚犯到底會不會坦承犯案？

你若設身處地想想囚犯的處境，很快就會發現無論你認為同夥會怎麼做，對你來說坦承犯案永遠是最好的選擇。同夥要是坦承犯案，而你也坦承犯案，則你會從被判 5 年徒刑減為 4 年；倘若同夥沒有坦承犯案，那麼你坦承犯案後，立刻就會獲得釋放。

然而結果卻是矛盾的。假設這兩名囚犯基於理性的自私考量，就會發現他們應該要坦承犯案，判處 4 年徒刑。但是倘若他們都拒絕承認犯案，就只會被判短短 1 個月的徒刑，結果顯然好多了。

囚犯困境並不是什麼無聊的腦筋急轉彎，而是賽局理論的核心概念。賽局理論本質上是在研究人們的互動決策，「賽局」這個專業術語是指一個人的行動，會影響到另一個人處境的任何情境。無論是經濟競爭、國與國之間的激烈衝突，甚至是家庭成員之間的互動，都可以用賽局理論加以模擬。

囚犯困境經常被社會科學研究者稱為「社會困境賽局」，因為它簡潔扼要地描述了環境汙染、避稅、逃兵役，甚至在銀

行插隊等等各種社會經濟處境。在所有案例中，都有一個從各自的角度來看，比較想要採取的行動，然而倘若賽局中的所有人（或是大多數人）真的都採取那項行動，那結果就是大家一起倒楣。在現實世界中，我們要如何解決這種困境？什麼因素能夠讓人們即使在這種無法促使大家合作的情況下，也能夠彼此合作？

囚犯困境解方：重複賽局與奈許均衡

勞勃・歐曼（Robert J. Aumann）在他的一系列研究論文中，為這個問題提供了答案，因此獲頒 2005 年諾貝爾經濟學獎（當年歐曼跟謝林共同獲獎）。[1] 在社會情境中，囚犯困境經常是「重複賽局」，也就是同一批玩家會多次重複同樣的互動情境，因此選擇自私行動的玩家可能得付出高昂代價——畢竟人們會記住你的過去行徑。採取自私行為的玩家（比方說在經典的囚犯困境中選擇認罪），在同樣的情境再度發生時，很容易被其他玩家懲罰——他們也會選擇對他們有利的自私行為（比方說他們自己也認罪）。

歐曼建構了一個重複賽局的數學模型，指出在情境會重複的情況下，有可能透過理性考量達成合作。歐曼的理論值得詳加探討，我們會在下一章更完整地呈現。不過根據我自己的研究，還有另一個可能的解答。[2] 要了解這個解答，需要介紹賽

局理論的中心概念之一，也就是以在 1994 年獲頒諾貝爾經濟學獎，並且以電影《美麗境界》（*A Beautiful Mind*）主角聞名於世的約翰‧奈許（John Nash）命名的「奈許均衡」。奈許在 1950 年代初期首度提出這個概念，它最終成為被廣泛運用於社會科學領域的極重要概念。

為了解釋奈許均衡，我們把賽局限定於只有兩位玩家，每個玩家都有一張可供採用的行動或策略清單。每個玩家從清單中各自選擇一個行動，這一組行動會決定每個玩家的報酬。倘若每個玩家選擇的行動，都是對方選擇了某個行動之後的「最佳反應」（best reply），那就達到了奈許均衡。換句話說，兩位玩家都無法藉由選擇其他行動，讓自己得到更高報酬。

兩性戰爭賽局

我們舉個比較明確的例子，比方說一場兩性之間的戰爭賽局：一對夫妻必須決定今晚去哪約會。這賽局有兩個可能性：去看芭蕾演出或拳擊賽。不幸的是，先生跟太太喜好分歧──先生堅持要去看芭蕾，太太卻拒絕放棄享受一場精彩拳擊賽的機會。

在經過漫長無結果的討論之後，他們決定用下列方式做決定：雙方各自在紙片上寫下「芭蕾」或「拳擊」，而他們既不知道另一個人寫了什麼，也沒有互相討論過。這兩張紙片會交

給鄰居布朗太太，然後一到晚上 7 點，布朗太太就會大聲念出紙片上寫了什麼。倘若兩人寫下同樣的活動，就能一起去看那個活動；倘若兩人寫下的活動不一樣，那雙方就得待在家裡，晚上哪裡也別想去。現在假設夫妻倆都覺得自己想要去看的活動價值 200 美元，不是那麼想看的活動價值 100 美元，在家裡蹲則價值 0 美元（就兩人的觀點來看這是最糟糕的選項）。那麼這個賽局的均衡點在哪裡？

唯一可能的均衡點，只有在兩人都寫下「芭蕾」或「拳擊」才能達到。倘若兩人都堅持寫下自己最喜歡的活動，那最後就只能夠在家裡蹲。因此唯一能夠改善這個狀況的方法，就是兩人之中必須要有人放棄堅持，願意去看自己比較不想看的活動，但這正是「陷阱」所在：要是夫妻倆都決定不要斤斤計較，遷就對方的喜好，最後還是會落得在家裡蹲（要知道兩人無法彼此討論要寫下什麼）。

那麼，這對苦命夫妻有機會選到同樣的活動，確保他們至少能出門透透氣嗎？當然可以！比方說迷上拳擊的太太可以在餐桌上放個拳擊手套，明確地暗示無論結果如何，她一點也沒有要妥協的意思。這樣做或許可以說服愛好芭蕾的先生，除非他打算在家裡度過一晚，不然就沒有選擇，只能順著老婆大人的意，從而提升他選擇寫下「拳擊」的可能性。

或者先生可能想要先發制人，在客廳大聲播放柴可夫斯基的《天鵝湖》，釋放出無論如何，他都堅持要去看芭蕾的訊

號，從而提升老婆退讓，配合他寫下「芭蕾」的可能性。

這對夫妻雖然無法彼此交談，卻能夠藉由釋放這些訊號，提升他們在這場兩性鬥爭的賽局中，達到均衡點的機率。不過這跟情緒有何關係？

改變賽局的情緒機制

情緒事實上是一種釋放訊號的機制，讓我們得以協調彼此的行動，在日常生活中參與的各種賽局達到均衡點。情緒也能夠讓我們創造出不存在於純粹理性思維世界裡的新平衡，很多時候情緒可以透過這個機制，改善我們的社會處境。

若要了解這個重要的概念，我們可以回到囚犯困境，指出即使在賽局僅進行一回時，情緒仍然能夠創造出合作均衡。為了說明這點，我們現在用稍微不同的方式，重新描述囚犯困境：

想像一下你跟一個全然的陌生人參與一場實驗，每個人都先拿到 100 美元，然後你們要在「全拿」跟「慷慨」中擇一行動（你們兩個在做出決定之前，沒有機會彼此討論）。倘若你們當中有人選擇全拿，另一個人選擇慷慨，那麼選擇慷慨的人，就必須把 100 美元全部轉給選擇全拿的人。要是你們兩個都選擇全拿，那你們每個人都得要把 50 美元還給主持實驗的人。最後，倘若你們兩個都選擇慷慨，主持實驗的人就會另外

再發給你們每人 50 美元，於是你們各自都可以帶著 150 美元回家。

請注意這個賽局跟前一章提到的「平分或全拿」的相似性。倘若你念茲在茲的就只有拿到可能拿到的最高獎金，那你無論如何都該選擇全拿。無論另一個人怎麼選擇，你這個選擇總是能讓你得到更多錢。

現在我們把情緒帶入這個賽局。假設你在這場賽局中除了拿到金錢報酬以外，也會在意是否能夠作為一名正直的人，但同時又不會淪為「濫好人」。倘若你選擇全拿，另外一位玩家選擇慷慨，你會對於自己的貪婪感到慚愧，這股愧疚感的價值為負，比方說相當於損失 100 美元好了。另一方面，倘若你選擇慷慨，另一名玩家選擇全拿，你會感到被羞辱而很生氣，我們就當成這也相當於被罰了 100 美元好了。倘若你們兩個都選擇全拿或慷慨，那麼你的情緒反應就很中性，不賺不賠。

現在假設另一位玩家在這些情況下，跟你有完全一樣的情緒反應，賦予這些情況的金錢價值也完全一樣，那麼這場賽局的分析結果，就會有顯著的改變。以前選擇全拿最好的結果是帶回 200 美元，如今因為有慚愧感罰金，只剩下 100 美元。這比你選擇慷慨，最多能夠拿到 150 美元的情況來得差，因此兩位玩家同時選擇慷慨，就會成為新的均衡點，意味著雙方都最有可能選擇合作，而不是自私自利。

簡單來說，一旦把情緒納入考量，即使是憤怒跟愧疚感這

種負面情緒，也能把雙方導向比較好的結果。不過這個解釋還是不夠完整，我想要指出上例中描述的情緒，並非隨機選擇的結果，事實上還會讓感受到這些情緒的人，也能夠得到一些物質上的切身利益。

倫理黃金法則

我們先假設擁有情緒反應，能夠讓玩家具有預測他人情緒反應的良好能力。接下來請想像，倘若囚犯困境裡的其中一位玩家全無情緒可言，滿腦子都只有想要拿到最多錢的冷酷算計，另一位玩家則擁有合理的情緒反應（同時也有預測他人情緒的能力），會發生什麼事？我們姑且把冷酷算計的玩家叫做大腦先生，另一位玩家叫做情緒先生吧！

大腦先生既然不會覺得愧疚，他一定會選擇全拿。不過情緒先生可能會發現他對上的是大腦先生，因此預測大腦先生會選擇全拿。在這種情況下，倘若情緒先生選擇慷慨，他會有雙重損失：先是輸掉他在賽局開始時拿到的 100 美元，然後在感到被羞辱時，再蒙受相當於 100 美元的精神損失，總計損失 200 美元。另一方面，倘若他選擇全拿，就只會損失 50 美元。因此情緒先生會得到他也應該選擇全拿的結論，這麼一來他跟大腦先生就會各自帶著 50 美元回家。這跟兩位玩家都是情緒型玩家，能夠達到讓他們各自帶著 150 美元回家的情況，

形成強烈對比。結果是情緒化行為比較有利，在這個簡單範例中，情緒化反應具有正向的金錢優勢。

　　這個範例取自我建立、歸納奈許均衡概念的數學模型。這個模型顯示，在許多跟囚犯困境類似的賽局中，玩家會合作的主要動機，在於追求互惠互利的情緒需求，比方說在他人慷慨時因自己表現貪婪而感到羞愧，或是在他人貪婪時自己感到憤怒或遭到羞辱。這兩種情緒綜合起來，形成了「倫理黃金法則」，有時候也稱為「互惠倫理」。

　　這條黃金法則在許多宗教文本中被奉為圭臬，教給每個學童，以保護他人的情緒不受傷害——即使這有違你個人所欲，你也得這樣做。不過就如同上述實驗所示，這對於保障我們自身的切身利益，也同樣重要。

5
重複的囚犯困境賽局

你永遠不會清楚知道，未來你還會與對方互動多少次。要促成雙方合作，靠的是直截了當，而非精於算計。

　　「自發而生」、「自動反應」以及「即時反應」都是情緒反應最重要的特徵。事實上在許多情況下，反應迅捷正是情緒反應比深思熟慮更有優勢之處。我們看到一條蛇在草叢爬行，會直覺往後倒彈，讓我們免於暴露於潛在危險之中——這遠比對情況進行認知分析來得更有效率。

　　社會反應的即時性跟自發性，對我們來說非常重要。我會在這一章指出，也許正是因為情緒行為的自動反應性質，使得情緒行為可以在理性行為使不上力時，促使人們互相合作。

　　我們再來討論一次囚犯困境，不過這回把重點放在玩家進行重複賽局時——這意味著玩家必須把長期策略也納入考量。

　　我們在前一章指出，既理性又自私的個體，在只玩一次的囚犯困境賽局中不會合作，因為不合作是「優勢策略」

（dominant strategy）——無論另一名玩家怎麼做，你都可以保證得到比較高的報酬。現在想想倘若這個賽局要玩兩次，每一位玩家在每個回合，都必須決定要合作（選擇「慷慨」）還是不要合作（選擇「全拿」）。兩個回合結束之後，玩家所收到的總報酬，等同於兩個回合各自報酬的總和。

若要分析這個重複賽局的理性行為，我們可以從賽局的第二回合開始著手。第二回合相當於原本的囚犯困境賽局只玩一次，因為沒有下個回合來對這一回合的行為進行獎懲，因此策略分析就等於只進行一回合的囚犯困境賽局，而我們已經得出結論：兩位玩家唯一的理性行為，就是不合作。

既然已經知道理性玩家在第二回合會怎麼做，我們就可以試著預測他們在第一回合會怎麼做。玩家在第一回合的行為，並不會影響到第二回合的報酬，因此第一回合實際上也等同於只玩一回合的囚犯困境賽局，因此兩位玩家同樣會在第一回合都選擇不合作。

要看出無論賽局進行幾回合，同樣的推論都適用並不難。只要兩位玩家都很清楚賽局要進行幾個回合，無論是一回合、三回合，還是十萬回合，結果都一樣。講得仔細一點，當兩位玩家都知道他們在進行最後一回合時，無論先前各回合發生了什麼事，他們都沒有理性的理由要繼續合作。但是同樣的論點，也會使得他們在倒數第二回合選擇不合作，以下類推。這種推論方式叫做「歸納推理」（inductive argument），經常用

於賽局理論。

重複賽局

　　請注意這個歸納法，始於兩位玩家在最後一回合都選擇不合作。但倘若玩家不清楚哪一回合才是最後一回合，即使自己就在玩最後一回合也被蒙在鼓裡，那會發生什麼事？大多數人的反應如下：想想你跟平常幫你修車的技工、同事，甚至跟另一半的互動情形，你幾乎永遠不會很清楚地知道，未來你還會跟他們互動多少次。這自然就產生一個問題：玩家在不清楚自己什麼時候在玩重複賽局的最後一回合時，怎樣才算得上是理性行為？

　　經濟學家歐曼回答了這個非常重要的問題，這被視為他對於賽局理論最重要的貢獻之一。歐曼利用數學模型，證明在這種情況下，即使兩位玩家都很理性，合作仍有可能達到均衡狀態。無論是數學模型還是歐曼的證明過程，都是相當漂亮且深刻的知識結構。若要詳加解釋，就必須用上某種程度的形式數學，但那已超出本書範疇，所以我會試著用白話解說。

　　想像一下你在重複進行囚犯困境賽局，每一回合都有99％的機率，要跟同一位玩家再玩一次同樣的賽局，有 1％的機率你再也不會碰到同一位玩家。這個情況有點不切實際——它過度強調你跟任何人長期可能會有的互動次數，不過

用來敘述多數人於互動中的短期思維，還是蠻有用的，所以我們暫且擱置缺點吧！

我們必須要考量，在這種情況下「策略」的含意。在只玩一回合的賽局中，策略就只是要不要跟對方合作的決定而已，然而在重複賽局中，策略的概念就變得複雜多了：它實際上等於是一本厚厚的決策書，每個你所選擇與行動有關的決定，都取決於你在這個賽局中，到目前為止發生過的一切。我們給策略舉個例子：到第 700 回合之前，無論對方怎麼做，我都選擇合作。從第 700 回合開始，每當對方在某個回合不合作，我就會在下兩個回合選擇不合作，作為報復。

你如果覺得這個策略聽起來很複雜，其實它相當單純，你沒發現我只用兩、三句話就說完了嗎？也是有一些真的很複雜的策略，光是把頭幾個回合寫下來，就得用掉國會圖書館裡所有能夠找到的紙（包括廁所裡的衛生紙）。不過最複雜的策略，通常也最沒意思。我在這一章裡會提到兩個極為單純，但非常有意思的策略：

1. 恐怖型扣扳機策略（grim trigger strategy）：我在第一回合選擇「慷慨」，只要對方也選擇「慷慨」，我就繼續慷慨下去。但只要對方在某個回合選擇「全拿」，就算他只這樣做了一次，我就會在之後的每個回合選擇「全拿」，直到地老天荒。

2. 以牙還牙策略（tit-for-tat strategy）：我每個回合的選擇，都跟對方在上個回合的選擇一樣。

恐怖型扣扳機策略

兩個理性玩家（意思是他們唯一的目標，在於獲取個人的物質利益）若是都採用恐怖型扣扳機策略，就會發現他們處於雙方都會永遠合作下去（選擇「慷慨」）的均衡。這個解釋起來還蠻簡單的：首先請注意，倘若兩位玩家都使用恐怖型扣扳機策略，他們在第一回合會選擇合作，然後會發現對方選擇了合作，於是這個策略會促使他們在第二回合選擇合作，同理在第三回合也還是選擇合作，以下類推。他們每一回合選擇合作，各自都多賺了 50 美元。

只要對方堅持恐怖型扣扳機策略，無論是誰都無法藉由選擇不同的策略，得到更多報酬。誠然，倘若其中一位玩家在某回合選擇「全拿」，而另一位玩家仍採用恐怖型扣扳機策略，選擇「全拿」的玩家會在那一回合拿到 100 美元，比他選擇「慷慨」還多 50 美元，但這樣會觸發對方「懲罰」，無論發生什麼事，對方都會堅定地選擇「全拿」，導致接下來每個回合他非但賺不到 50 美元，還得倒賠 50 美元。請注意在這個案例中，之所以能夠達成穩定的合作關係，是因為任何不合作的行為，都會立即觸發對方不合作的報復行為，因而創造出一個

能夠有效嚇阻不合作行為的情況。

　　歐曼在瑞典斯德哥爾摩受頒諾貝爾獎的演說中，談到了一與前幾章出現過的概念非常類似的賽局理論見解。他甚至聲稱這個見解可以解釋包括以巴衝突在內，幾乎所有國際衝突的本質。這個見解就是：為了預防流血衝突，人們必須要透過兇悍的策略，製造出足以嚇阻對方的機制，就像是美蘇在冷戰時期採取的戰略。他主張只有透過強烈的嚇阻，才能阻止人們訴諸武力衝突。

　　歐曼在諾貝爾獎典禮發表這段言論之後，有幾家媒體很快找上我，要我對這段聲明做出回應。我認為儘管歐曼提出的見解既深刻又巧妙，我也想不出有誰比歐曼更有資格獲頒諾貝爾獎，然而這個研究領域的精美數學結果，與適用於國際衝突的具體結論之間，鮮有直接關聯。光靠嚇阻就想維持和平、預防流血衝突，實在太不牢靠。畢竟，任何小小的變化都可能導致「嚴格反制」。雖然理論模型指出在嚇阻條件存在的情況下，合作確實是一種均衡狀態，然而一旦打破均衡，和平與合作的建構基礎也會隨之土崩瓦解，因為嚇阻背後的威脅恫嚇，注定會引發全球性災難（想像一下倘若美蘇真的把它們在冷戰期間，三天兩頭就掛在嘴邊的好勇鬥狠加以實現，世界會變成什麼模樣）。

　　光靠嚇阻不夠，在以威脅為本的嚇阻之外，我們還得建構

能為雙方提供正向誘因的系統，比方說「共同的經濟利益」便可以成為國際關係中的一大穩定力量。這跟個人的情況一樣，得胡蘿蔔跟棍子齊用才行。

有些人反對歐曼在諾貝爾獎演說裡提出的某些想法，他們的反擊力道比我兇猛多了。有一群以色列左翼分子正式向諾貝爾委員會請願，要求撤回頒給歐曼的諾貝爾獎，理由是他有政治主張，而他的科學研究中也引申出許多政治教訓。這點讓我很火大（雖然可能是非理性的情緒反應），但要是科學研究必須要嚴格遵守政治正確，科學界的佼佼者只有在政治主張正確時才會獲得獎勵，那人類可能還停留在黑暗時代，舉步不前。

以牙還牙策略

以牙還牙策略就沒有像恐怖型扣扳機策略那麼果決，不過仍然可以確保達成均衡。以牙還牙策略同樣會在對方不合作時懲罰對方，不過這回懲罰只會持續一回合，比起恐怖型扣扳機策略更寬容。倘若不合作的玩家在下一回合選擇合作，就不會繼續懲罰下去，兩位玩家回到每個回合都選擇合作的常軌。

以牙還牙策略會促使形成合作均衡，任何一位玩家都無法藉由片面選擇不合作而獲利。倘若有位玩家連續好幾個回合都選擇不合作，然後又繼續合作下去，那麼這場賽局之後就會回到合作的常軌，然而這位玩家卻會因為暫時性地選擇不合作，

導致他得不償失。（這需要用上一點數學，你想知道的話可以自己算算看：倘若有位玩家只有一回合選擇不合作，他會在不合作的那個回合得到多少，之後又會損失多少？）

小費文化的人際賽局

我們目前考慮的互動情形，是在每個回合之後，兩位玩家都認為很有可能會有下一回合賽局。但如果不是這樣的話呢？我們舉兩個具體例子。想像一下你正在西班牙馬拉加市享受為期一週的假期，假期第一天你走進一間飯館，對於上桌的好酒好菜十分滿意，決定接下來每天都來這裡吃晚餐。每次你走進飯館坐下來，都是同一位服務生來招呼你。在這種情況下，你跟這位服務生的互動，實際上就是六回合的囚犯困境賽局（因為你的假期剩下 6 天）。

在這種情況下，合作（指服務生給你很好的服務，你則給他慷慨的小費以資回報）是很明顯的選擇。請注意除了最後一天以外，你在假期中的每一天，都預期會有很高的可能性，再跟同一位服務生互動。然而到了假期的最後一天，由於你老早就已經訂好機票，後天得回去上班，你會預期有很高的可能性，在可預見的未來，你不會再回到同一間飯館用餐。

恐怖型扣扳機策略能否確保假期的每一天，都能夠達到合作均衡？答案是，顯然沒有辦法。（我們當然還是假設，玩家

理性考量的唯一目標，在於自私地獲取最大的物質利益。）就算服務生對你的印象是你會在這個城市待上很長一段時間，不知道哪一天才會走，但你們還是不可能每一天都維持合作。理由很簡單：到了假期最後一天，出於自私的考量，你沒有再給服務生小費的動機，因為你隔天又回到同一間飯館的可能性非常低（班機有可能取消，所以隔天又回來的可能性雖然很低，但不是零）。所以你若沒給小費就走人，服務生未來用很爛的服務懲罰你的可能性非常低。

倘若服務生理性、聰明且「自私地唯利是圖」，他會發現即使他給你第一流的服務，總有一天你會不給小費就走人。這可能足以抹除他每天都願意把你侍候好的動機，因為他確實知道拿不到小費的那一天早晚會來，只是不知道到底是哪一天而已。

這個在馬拉加度假的旅客，跟當地服務生之間的奇特關係，聽起來似乎有點太浮誇，然而這事實際發生的頻率超乎你的想像。人們是當地飯館常客時給的小費，會比他給碰巧走進去、以後不太可能再造訪的外國飯館來得多。顧客是經常來用餐的當地居民時，飯館的服務通常也比給觀光客的來得好。

儘管如此，我們還是經常會給小費，即使給小費無法為我們帶來物質利益也照給不誤。為什麼我們會這樣做？為什麼我們願意放棄利用這憤世嫉俗的「最後一天效應」？（事實上還有人會在假期最後一天，給一筆特別高的小費，作為感謝這幾

天得到良好服務。）

情緒自動機

答案不意外的還是在於我們有情緒。要知道在現實世界中，我們會反覆不斷地進行囚犯困境賽局，絕不是只玩一次就了事。若要想清楚個中奧妙，就要提到自動機的概念。發明自動機的是電腦科學家，不過這個概念也被廣泛應用於許多經濟學模型以及賽局理論。我對他們的研究成果有點小小的補充：我認為雖然自動機是一種機器，但可以用這個概念來描述情緒，產生新的見解。

自動機由下列元素構成（也只有這些元素）：

1. 一組狀態。
2. 一套行動。
3. 一個結果函數：輸入一個狀態與行動之後，就會產生一個新的狀態。
4. 一個行動函數：讓每個狀態都跟某個行動產生關聯。
5. 一個初始狀態。

能夠製造出 100 份影本的影印機，就是一個很好的自動機例子。

．影印機的一組狀態，是從 0 到 100 的所有整數（因此有 101 個狀態）。

．影印機只有「影印」跟「停止」兩種行動。

．影印機的結果函數，是倘若行動是「影印」時，每當輸入狀態 x（介於 0 與 100 之間），就會產生狀態 x+1；倘若行動是「停止」，結果函數就會返回為狀態 x，也就是狀態不變。

．影印機的行動函數，是在狀態低於 100 時，每個狀態都會產生「影印」的行動；當狀態是 100 時，就會產生「停止」的行動。

．影印機的初始狀態是 0。

你會發現按照定義，這台自動機會從狀態 0 開始，進行到狀態 1，接著狀態 2，以此類推。自動機在每個狀態都會製作一份文件影本，直到狀態 100 為止。（如果這段敘述讓你想起電腦程式，那很理所當然，因為自動機基本上就是一道簡單的電腦程式。）

你可能會覺得自動機跟電腦，與情緒化的人迥然不同，然而它們至少就某個角度來說很相似：你如果知道整體情況，結果就可以預測。倘若我每次受到侮辱時的反應都很情緒化，總是亮出武器，那麼我的行為就可以描述成只有兩個狀態：

（一）我覺得受到侮辱；（二）我不覺得受到侮辱。我的行動函數讓我每當覺得受辱就拔刀（也只有在覺得受辱時才拔刀），因此我其實就是一台自動機，而且還稱不上是台很複雜的自動機。

相反地，倘若我是個純然理性的人，我的行為就會變得比較複雜，光是覺得受辱並不足以讓我拔刀。我可能只有在覺得受辱，同時認為侮辱我的人之後在法庭上，無法證明我曾拔刀威脅他的時候，才會選擇拿出武器。這個無法證明我有拿出刀子的次級處境，本身就是由許多其他的次級處境組成（比方說現場是否還有其他證人，或是有沒有可以充當呈堂證供的監視攝影機）。我們可以看到要描述理性的人的行為，需要用到的狀態數量，遠比描述情緒化的人來得多，因此要用自動機給理性行為訂出模型，實際上困難多了。（還記得嗎，用情緒來做出承諾很管用，我們在感到受辱與憤怒時，比較不會去管現場有沒有目擊證人這種瑣事。）

因此理性反應跟情緒反應的關鍵差異，在於情緒反應跟整體情況比較沒有關係。這並不表示情緒化的人感到受辱時，他的反應永遠相同，不過理性的人的反應，確實比較會看情況而定。（這點也跟「理性的心理狀態，與較強的自我控制能力有關」的事實相符合。）

情緒化的「自動機」反應，感覺比較符合現實生活的狀況，對吧？你可能對於前述的「拔刀」例子有點困惑，畢竟拿

出武器不可能促成有助益的合作關係，然而事實並非如此。為了更精確說明，又不至於誇大其辭，我們不如這樣說吧：只要分量適中，報復性行為也能夠成為促成合作的正面因素。舉棋不定、太過寬容的情緒性行為，非但無法促成合作關係，相反地還會導致人們自私自利，因為在一個無論做什麼都會被原諒的世界中，每個人都有動機去做損人利己的事。

想像一下你按照以下的自動機進行賽局：

1. 你的情緒狀態組：生氣或冷靜。

2. 你的行動：合作或不合作。

3. 你的結果函數會根據對方在前一回合選擇的行動，決定你在這一回合的狀態。倘若對方上一回合選擇「合作」，你這一回合就會很冷靜；倘若對方上一回合選擇「不合作」，你這一回合就會很生氣。

4. 你的行動函數會把你的狀態納入考量，決定你選擇的行為。你若很冷靜，就會選擇「合作」；你若很生氣，就會選擇「不合作」。

5. 你的初始狀態是「冷靜」。

倘若兩位玩家都是上述的自動機，那麼他們在賽局中的所有回合，都一定會合作到底。這是由於他們兩個一開始都處於冷靜狀態，因而都會選擇合作，這使得他們得以繼續保持冷靜

狀態，以此類推。從頭到尾，不會有玩家變得很生氣。

我們必須檢查一下，倘若有玩家採用不同的自動機（假設他採用跟上述相反的自動機），是否能夠從中獲利。比方說有位玩家無論發生什麼事，始終處於生氣狀態，或是始終處於冷靜狀態也行。

為了獲得更多利益（即使只是短期利益），一位「脫離常軌」的玩家，必須至少有一回合選擇「不合作」，讓他得到 200 美元報酬，而不只是原先的 150 美元（因為他的對手會選擇「合作」）。但是這個行為會影響之後的賽局：在脫離常軌的玩家選擇「不合作」之後，他的對手會處於生氣狀態，並在下一回合選擇「不合作」。倘若脫離常軌的玩家在這個回合選擇「合作」，他得到的是 0 美元而非 150 美元，因此他這一次性的脫離常軌，反而使他得不償失。倘若這位脫離常軌的玩家繼續選擇「不合作」，在之後的每個回合，他做一次就會損失 100 美元（相較於倘若他一直選擇「合作」所能得到的報酬）。

脫離常軌的玩家能夠獲利的唯一機會，是他的行為對於未來沒有影響時──也就是賽局的最後一回合。但倘若脫離常軌的玩家採用的是雙狀態自動機，其狀態完全看對方的行動而定（意思是他有情緒反應），那麼他的行動就無法根據目前賽局進行到哪一回合而定。我們因此得到結論：一名情緒性玩家無法藉由採用跟上述自動機不同的行為，使他的總報酬提升，因

此每個回合都合作就會形成一個均衡。

互惠互利的情緒機制

有趣的是在這種情況下，兩位情緒性玩家在均衡中獲得的報酬，比兩位理性玩家進行同樣的賽局，所獲得的報酬更多。就這點看來，在重複的囚犯困境賽局中，即使兩位玩家都很清楚賽局會進行多少回合，情緒性行為還是比較能夠維持合作關係。

我們再回到西班牙服務生的例子，來談談你為什麼要給他小費。你在跟服務生互動的過程中，雙方的行為就像是自動機一樣：你有「給小費」跟「不給小費」這兩個行動可以選擇，服務生有「服務好」跟「服務差」這兩個行動可以選擇。你們兩個每天都被「生氣」跟「開心」這兩個情緒狀態之一所控制，而這些狀態是由前一天的互動決定：你昨天如果獲得很好的服務，今天就會很開心，而服務生昨天如果有拿到小費，他今天也會很開心。最後，開心的狀態使你選擇給小費，也會使服務生提供良好的服務。無論今天是否是你假期的最後一天，都跟你們的互動模式沒有關係——你跟服務生都是非常單純的自動機，根本沒有把今天是哪一天納入考量。如果你跟我們許多人一樣，是情緒的自動機，那你就會因為服務生昨天的服務，給他小費以資獎勵。即使今天是你待在西班牙的最後一

天，也沒有什麼差別。你只會因為下次用餐時得到爛服務，而予以懲罰，而下一次用餐這件事尚未發生。

　　如果這樣說讓你覺得被冒犯，這是不必要的。你很清楚地知道今天是幾號，哪一天是你在西班牙度假的最後一天，但是你的情緒狀態讓你不會把這條資訊，跟你是否要給小費的決定扯在一起。

　　倘若你們之中有人完全理性（因此也完全自私），另一個人還是上述的情緒自動機的話，會發生什麼狀況？假設完全理性的人是你，你還是會每天給服務生小費，直到最後一天為止，因為只要你沒這麼做，隔天就會得到爛服務，你可不想要發生這種事。但倘若你們兩個都完全理性，那麼就如同先前在討論囚犯困境時所說的，你們的合作關係注定要完蛋：你根本不會給小費，然後在整趟假期中都會得到很爛的服務。

　　這一整段分析的主要結論，相當令人驚訝：要促成雙方合作，最終使得雙方在互動中獲得更多報酬，靠的是單純跟直截了當，而不是複雜跟精於算計。

6
正直、侮辱與最後通牒賽局

人確實會對不公平的行為感到噁心。能夠判讀公平訊號的能力，是理性情緒的重要特質之一。

1994 年的諾貝爾經濟學獎，除了奈許以外還頒給了賴因哈德‧澤爾騰（Reinhard Selten），以表彰他對於賽局理論的貢獻。澤爾騰研發出一套動態均衡的概念，指出賽局玩家會像西洋棋跟跳棋玩家那樣，試著去思考好幾步以後的事。

最後通牒賽局

澤爾騰的學生維爾納‧古斯（Werner Güth）在 1982 年，進行了一項叫做「最後通牒賽局」的簡單實驗。[1] 在這個賽局中，兩位玩家要瓜分一筆錢，假設為 100 美元，規則如下：第一位玩家提議給第二位玩家一筆錢（從 0 美元到 100 美元都行），倘若第二位玩家接受提議，那麼這 100 美元就會按照提

議內容瓜分。倘若第二位玩家拒絕提議，那麼主持實驗的人就會把 100 美元拿走，兩位玩家都只能空手而歸。第一位玩家的提議，實際上等於是一道「不要就拉倒」的最後通牒，這也是這個賽局名稱的由來。

兩位自私的理性玩家玩這個賽局，他們會同意提議者拿到 99 美元，回應者只拿 1 美元的分法。既然這個賽局只玩一次，只要提議者提出的金額不是 0 美元，回應者都應該要接受，因為就算只有 1 美元，還是比什麼都沒有來得好。提議者既然知道這點，他就應該提出低到不能再低的 1 美元。

這也是澤爾騰的均衡模型預測會發生的情況。我個人有幸與澤爾騰共事兩年，他不但是位偉大的科學家，也是位有智識的誠正者（intellectual integrity）。他對於這個讓他贏得國際聲譽，最終還賺到諾貝爾獎的均衡概念不甚滿意，因為他預測實際上進行最後通牒賽局時，分錢的結果通常會跟他提出的均衡大相逕庭。

古斯的實驗在德國進行，受測者很多，結果發現在大多數情況下，兩位玩家會五五平分這筆錢。此外，第一位玩家提出的金額若是低於 35％，大多會被第二位玩家拒絕。換句話說，為了讓第一位玩家拿不到他貪心想要的 65 美元，第二位玩家通常會寧願放棄拿到 35 美元的機會。

自從古斯發表了這個著名的實驗結果之後，已有數百篇探討最後通牒賽局的文章。研究經濟學、商業管理、政治科學、

心理學、人類學與哲學的人，都針對這個主題發表己見。許多研究比較了不同文化背景的玩家，在最後通牒賽局中的行為，其中也包括了非洲部落，以及亞馬遜河盆地裡的孤立部落。德國馬克斯・普朗克研究院（Max Planck Institute）的一群研究者，甚至在 2007 年發表了一篇關於黑猩猩如何進行最後通牒賽局的文章。[2]（這聽起來也許有些難以想像，以下是這個實驗的進行方式：黑猩猩坐在個別的籠子裡，面前的裝置配有兩組盤子，其中一組盤子會給每隻黑猩猩 5 根香蕉，另一組盤子則是給黑猩猩 A 9 根香蕉，只給黑猩猩 B 1 根香蕉。這個裝置讓黑猩猩 A 可以選擇要拉哪組盤子下來，但只能把盤子拉到半途。黑猩猩 A 若想得到香蕉，得要黑猩猩 B 也同意牠的選擇，配合拉盤子才行。）

行為背後的真正動機

最後通牒賽局引起許多領域的關注，有的領域甚至跟純賽局理論毫無關係，因為最後通牒賽局處理了一個在所有社會科學領域中，非常基本的重要問題：我們假設個體都是自私且理性的，但它的適用性究竟有多高？要知道這是大多數經濟學，以及許多社會科學模型背後最根本的假設。

人們研究各種最後通牒賽局的變形，比較提議者跟回應者的推論方式有何不同。提議者若是提議五五分帳，可能是因為

想要待人公平正直，也可能是怕回應者會拒絕錢分太少的提議。為了確認提議者真正的動機，研究者指出要研究前一章的獨裁者賽局，而不是拘泥在最後通牒賽局上。在獨裁者賽局中，第二位玩家必須要接受第一位玩家的提議，對於金額低到侮辱人的提議，他無法藉由讓他自己跟對方都拿不到半毛錢的方式進行報復。

倘若在最後通牒賽局中提議五五分帳的玩家，在獨裁者賽局中也提出同樣提議，我們就可以推論出他們這樣做的主要動機是追求公平，因為在獨裁者賽局中，第二位玩家沒有可以懲罰第一位玩家的手段。反過來說，倘若他們在獨裁者賽局中轉而提出金額很低的提議，這就相當強烈地指出，他們在最後通牒賽局之所以會提議五五分帳，是因為擔心第二位玩家在面對低金額的提議時，可能會進行報復，導致他損失所有的錢，而不是因為心中有半分講究公平的念頭。讓玩家同時進行最後通牒賽局以及獨裁者賽局的實驗結果顯示，玩家在最後通牒賽局中的行為相當理性：他們為了讓自己的利益最大化，會試著預測對方反應，找出對方能夠接受，不會引發報復行為的最低金額。

理性情緒特質：判讀公平訊號

學者比較來自不同文化的人們，在進行最後通牒賽局時的

行為，得到了許多重要見解。有一篇已發表的研究論文，比較美國、日本、斯洛維尼亞以及以色列玩家，進行最後通牒賽局的行為。[3] 結果發現來自不同文化的人，無論他扮演的是提議者還是回應者的角色，反應都大不相同。以色列玩家分錢時，比較會提議分最低金額給對方，日本玩家的自私程度也相差無幾，而斯洛維尼亞跟美國的玩家，提議分錢時就慷慨多了。

然而這項跨文化比較研究最驚人的發現在於：提議能否成交與回應者的反應密切相關。以色列跟日本的回應者，都比較願意接受低金額的提議，然而當類似的提議是由美國玩家提出來時，就算提議的金額比較慷慨，通常也會被回應者一口回絕。

我們從這個實驗得到的結論是，怎麼樣才叫做公平，是相對於文化背景而決定的。在日本或以色列被認為是公平的提議，在美國可能會被解釋為低得離譜。相反地，在美國算是很正常的提議，在以色列可能會被視為太過慷慨（甚至是「傻瓜提議」）。一個在雙方文化都被認為是不公平的提議，幾乎總是會被拒絕，就連在賽局中接受金錢時姿態最低的以色列人，也會拒絕低於 20% 的提議，不過他們接受提議的門檻，還是比美國人低。

提議者「非常神奇地」知道自身文化對於公平的認定標準，會嘗試提出回應者很有可能會接受的最低金額提議，他們的行為十分符合玩家自私理性的假設。如同我們在第 5 章所

見，這種能夠判讀公平訊號的能力，是理性情緒的重要特質之一，可以消除許多不必要的歧見，避免浪費時間。

環境變動下的最後通牒賽局

　　幾年前我跟同事許繆爾・扎米爾（Shmuel Zamir）發表了一篇論文，討論環境變動下的最後通牒賽局實驗結果。[4] 在一個穩定的同質性社會中，公平的規範也穩定不變，然而在有移民、人民文化背景交雜的動態社會中，公平的標準是透過學習以及不斷適應的過程所創造而成。在這種情況下，公平的標準會比我們想像的變動得更快。為了了解這些動態變化，我們的實驗招來許多玩家，每位玩家反覆進行最後通牒賽局，且每次都會對上不一樣的玩家。在跟人類玩家對上 10 場賽局之後，有些玩家還會跟我們用電腦程式創造出來的虛擬玩家對陣。

　　我們設計了兩種虛擬玩家。A 型虛擬玩家被設計成提議者時，會提出金額特別低（介於 13% 到 16%）的提議，而在扮演回應者時，只要提議金額高於 16% 就會接受。B 型虛擬玩家被設計成提議者時，會提出金額介於 45% 到 50% 之間的慷慨提議，但是在扮演回應者時，也只會接受金額高於 45% 的提議。

　　我們讓一組人類玩家在跟人類對手進行 10 場賽局之後，跟 A 型虛擬玩家對陣，讓另一組玩家跟 B 型虛擬玩家對陣。

人類玩家並不知道他們從什麼時候開始，對手已經悄悄換成了電腦程式。

這個實驗在以色列進行。實驗的第一階段，由人類玩家互相對陣 10 場賽局，這些玩家按照典型以色列人的公平規範進行賽局——最常見的提議金額會略低於 40％。但是在跟虛擬玩家再進行了 10 到 15 場賽局之後，這兩組玩家就採取了不同的公平規範：對上 A 型虛擬玩家的人，提議金額會介於 20％到 40％ 之間，而對上 B 型虛擬玩家的人，提議金額則從不低於 50％。

這些新規範受到兩種不同力量的影響，因此迅速地被人們採納。跟 A 型虛擬玩家對上，扮演回應者角色的人類玩家，起初會拒絕極低金額的提議，但是到後來卻不得不遷就，因為反覆不斷地拒絕提議，意味著最終實驗結束後，他們能夠帶回家的錢寥寥無幾。至於扮演提議者角色，嘗試提出低到只有17％ 金額提議的人類玩家，則會意外地發現對方一直接受這樣的提議，因而鼓勵他們繼續提出低金額，到最後他們的提議金額大多降到極低程度。對上 B 型虛擬玩家的人，會出現類似但是結果相反的情況：只要是比平分稍低的提議，都會被對方打槍，這使得玩家獲得「教訓」，只提出平分的提議。

這項實驗的結論是：公平的規範有可能非常脆弱，倘若我發現幾乎所有我得到的提議，金額都是低到差辱人，原本信誓旦旦要拒絕任何我覺得金額低到侮辱人提議的原則，可能很容

易就消失無蹤。事實上按照定義，這樣的提議幾乎就不再算是侮辱人了。

行為理性 vs 規則理性

最後通牒賽局提議者的行為符合自私理性的假設，然而回應者的行為卻有點費解。為什麼當賽局只進行一次，兩位玩家之後不會再碰頭時，玩家還是會選擇有錢不拿，懲罰對方提出侮辱人的提議？經濟學家歐曼提出一個有趣的答案：他認為「行為理性」與「規則理性」之間有所差別。根據這個理論，我們由於可用的認知資源有限，因此會採取能在大多數社會互動都能運作良好的簡單行為規則，但這並不一定隨時管用。換句話說，我們並不會詳加規劃社會互動的每個小細節，而是訂出個還不錯的計畫，就堅持按照計畫走。

最後通牒賽局的回應者，對於提議所使用的經驗法則，可以總結成一句話：永遠不要像個蠢蛋。由於我們人生中大多數重要的社會互動，都是會重複發生的互動，因此堅持採用這條規則很有效率。若是在重複互動中，我們表達願意接受低金額的提議，就可能會使得其他人下回跟我們互動時，也試著剝削我們。規則理性經常受到情緒驅動，尤其是我們稱之為理性情緒的部分。報復跟懲罰的欲望、受辱感與光榮感都是創造出「最佳規則」的基本機制，而這些規則被用在與最後通牒賽局

十分類似的日常互動中。

這個理論最近受到一項重要的神經經濟學研究結果支持。神經經濟學是經濟學的一個新領域，研究人們在做出經濟決策時的大腦活動。[5] 經濟學跟心理學研究者為了描繪出大腦做決策時的活動，愈來愈常用到 fMRI 技術。藉由測量各腦區的耗氧量，可確認大腦在任一時刻使用了哪些區域。

有一項研究使用 fMRI 裝置，測量受測者在扮演最後通牒賽局回應者的角色時，大腦不同部位的相對活動，結果發現金額極低的提議，會觸發大腦中與噁心跟嘔吐反應有關的區域。這股對於侮辱人的提議因應而生的噁心感，可能是一種經過演化，保護我們在重複互動中不被剝削的機制。

簡而言之，人們似乎名符其實地會對不公平的行為感到噁心。我們真的要用理性說服自己，接受這麼噁心的事嗎？

II 論信任與慷慨

在生活環境中關於信任與慷慨的文化準則，早就深植於我們的直覺當中。
擁有這樣的直覺，對於取得社會成功相當關鍵。

7
偏見、汙名與信任賽局

無意識的偏見會摧毀信任。當情緒凌駕於純粹理性的自利動機時，反而能抗拒偏見。

位於華盛頓特區的兩位研究員菲利浦・基佛（Philip Keefer）跟斯蒂芬・克納克（Stephen Knack），在 1997 年於一份頂尖的經濟學期刊發表研究論文，想要確認人們可以信任陌生人到什麼程度。[1] 他們詢問來自數十個國家數以千計的人，要他們對於自己不怎麼熟識的人，像是修車技師、主治醫師、負責民眾服務的公職人員等等，究竟信任到什麼程度打個分數。研究結果很有趣：人們對陌生人的信任度跟他們居住國家的 GDP 高度相關。[2] 比較信任陌生人的國家，GDP 也相對較高。這項研究並未顯示信任感跟經濟發展之間有直接關聯，不過有些後續研究透過實驗，已經提供令人信服的解釋，說明兩者相關的背後原因。

信任感是個體間彼此合作的動力，合作則是經濟發展與社

會福利的動力。社會倘若欠缺促進信任感的可信賴性（credibility），信任感就無法維持。反過來說，就如同沒有可信賴性，信任感就無法長期存續一樣，倘若沒有信任感，可信賴性最終也會被摧毀。假如社會中根本就不存在信任感，那麼嘗試發展或維持可信賴性，就沒有意義可言。在這種情況下，你採取比較自私跟不可靠的行為，日子還過得比較好。社會跟國家有可能處於兩種平衡之一：一個是人們彼此信任，以可靠的合作態度對待彼此（證明自己值得信任）的「好」平衡；一個是人們彼此不信任，因此變得自以為是，一點也不覺得需要表現出可靠或值得信任的「壞」平衡。即使沒有實證資料，你也不難猜到哪一種平衡狀態，更能促進經濟成長。

然而，對於這些平衡狀態是隨機產生，抑或與初始條件有關，經濟學家意見分歧。倘若是隨機產生，那麼現在安哥拉跟瑞士之所以天差地遠，就是因為很久以前的隨機事件，導致安哥拉被困在壞平衡裡，瑞士則處於好平衡中。根據這種看法，以前也曾經有過同樣大的機會，會出現安哥拉像現在的瑞士，而瑞士人卻過著像安哥拉人那種日子的架空歷史。另一派持相反看法的人，則認為是富含天然資源，或是融合多元文化等初始條件，決定了哪個國家夠幸運能夠落入好平衡中，哪個國家卻倒楣落入壞平衡裡。這些初始條件還包括氣候、地理環境、文化因素等等。

當然，倘若社會能夠從一種平衡改變成另一種（希望是從

壞轉好），這些事就無足輕重了。經濟學家對於這個稱為「收斂」的理論，意見更為分歧。似乎天生就是樂觀主義者的收斂理論支持者，認為安哥拉遲早會轉變成好平衡，其國民的生活水準有朝一日可以構上瑞士的水準。反對者則認為這些平衡具有「遍歷性」（ergodic）或「吸收性」（absorbing），意思是很難從一個平衡狀態轉移到另一個（壞平衡會「吸收」變化，不會因為變化而顛覆狀態）。從好平衡變成壞平衡的情況，倒是比較容易想像：食物或飲水不足、爆發疾病、政府垮台，任何一件事都可能導致國家社會秩序瞬間崩壞。比方說，有人要你跟另外三個人一起幫忙，把一個大箱子從朋友公寓房裡搬到另一間房。這箱子非常重，非得要你們四個人使盡吃奶的力氣才搬得動。在幾次嘗試搬這個箱子都失敗之後，就很難再搬動它，因為你們每個人可能都會懷疑別人有沒有在出力，猜疑他人是否真的相信能搬動這箱子。你們得要討論一番，才能完成這件工作，因為到了這個時候，累積起來的不信任感，需要你們四個人改變行為，才能夠轉移到比較好的平衡狀態。倘若某一次你們真的齊心協力，讓那個大箱子移動了，就會開始往好平衡移動。不過這個新平衡卻相當脆弱，只要你們之中有個人改變行為（稍微偷懶一點），箱子就會掉下來，信任感也會因此崩解。

　　雖然收斂理論的正反雙方，都運用了極為複雜的數學模型，迄今卻還沒能得出一個結論。

經濟學研究跟自然科學研究有些差別。雖然許多當代經濟學研究都是運用數學模型的理論研究，而其理論架構也跟物理學很像，後者同樣用上了數學模型。然而物理學的理論假設是否屬實，最終還是要接受實證資料的檢驗，許多經濟學理論卻在沒有接受實證檢驗的情況下，被人們廣為接受。經濟學在許多情況下，根本就無法產生支持或駁斥某個理論的實證資料。你可以想想看，倘若有個理論聲稱在接下來一千年內，安哥拉的生活水準將會趨近於瑞士，你究竟有什麼方法可以利用實證資料，證明這個理論屬實？

儘管如此，這種理論研究在經濟學裡仍然相當重要，因為人類行為實在太過複雜，很難用數學模型精確描述。相反地，這類數學模型所扮演的角色，往往是用來讓某個不用模型也能說明的聲明或見解，透過模型能夠說明得更為清楚明白。物理學模型是科學的本質，經濟學模型則只是一種工具。有些複雜的經濟學模型，可以說明為什麼獨占企業的利潤，比在競爭市場營運的公司來得高。這些模型提供了許多重要的見解，其中有些可用來進行決策，但要用它們來描述整個大局還差得遠，而且對於經濟預測沒什麼用。

信任賽局

在 1990 年代，有三位美國經濟學家建議用一個適合拿來

進行實驗的簡單賽局——信任賽局，研究人們願意寄予的信任感跟可信賴性。[3] 在信任賽局中有兩位玩家，玩家一（提議者）拿到 100 美元，他可以決定把錢留下來，或是提議把其中一部分給玩家二（接受者）。每當提議者給接受者 1 美元，主持實驗的人就會再多給接受者 2 美元。比方說倘若提議者從原本的 100 美元裡，拿出 20 美元給接受者，接受者最後就會拿到 60 美元，足足是提議者拿出來金額的 3 倍。到了這時候，接受者可以選擇把他拿到的錢，撥出一部分還給提議者，要多慷慨還是多小氣任憑君意。

　　現在請你試想自己是這場信任賽局的玩家，你會怎麼做？當你扮演提議者時，你會怎麼做端看你願意多信任接受者。倘若你選擇把原本的錢全部留給自己，你就可以把 100 美元帶回家，接受者則會一無所得。相反地，倘若你給他一些錢，而那筆錢會乘以 3 倍，他再把乘以 3 倍的錢分一半給你，那麼你們兩個人最後都會過得比原先更好。如果你夠大膽，把 100 美元全部給他，他將會拿到 300 美元，而倘若他把一半的錢還給你，你們兩個人最後都會拿到 150 美元——賺錢賺得乾淨俐落。

　　然而除了保持善意、慷慨成性，或是覺得忘恩負義很丟臉以外，接受者並沒有把他拿到的錢跟你分享的動機。身為提議者，你會發現自己面臨兩難。如果我們假設兩位玩家都既自私又理性，按照賽局理論的預測，提議者一毛錢也不會給接受

者，因為他可以確定接受者最後一定一分錢也不會還給他。

就如同最後通牒賽局一樣，信任賽局很快地變成了行為經濟學家最愛討論的賽局之一，而探討信任賽局行為的實驗結果，也不令人意外：提議者通常願意拿出一筆不少的錢給接受者（大約是三分之一的金額），而接受者往往也會展現慷慨的一面，把他們起初拿到的金額還給提議者，再加上一筆小小的紅利。

然而信任賽局真正的重點，並不在於它顯示人們願意在某種程度上信任他人，而是顯示出人們有能力衡量、比較不同文化之間的信任程度。研究者至少進行過三個實驗，點出這個很有意思的現象。

跨文化的信任賽局

比方說以色列經濟學家尤里・葛尼奇（Uri Gneezy）跟查姆・費許曼（Chaim Fershtman），就曾對於種族效應進行研究。[4] 他們以台拉維夫大學跟海法大學學生作為實驗對象，只要用學生的姓氏，就能輕易判別他們是來自歐洲還是中東。參與實驗的人透過電腦終端機進行信任賽局，提議者位在台拉維夫，接受者則位在海法，兩地相隔將近 100 公里。

每個玩家都會知道另一位玩家的姓名。玩家有四種配對可能：來自歐洲的提議者搭配來自中東的接受者，來自中東的提

議者搭配來自歐洲的接受者，兩個玩家都來自歐洲，或是兩個玩家都來自中東。令人驚訝也頗令人失望的是，當提議者要決定願意給接受者多少錢的時候，來自中東的接受者收到的金額，比來自歐洲的接受者少很多。儘管主要是歐洲玩家對中東玩家有歧視行為，然而中東玩家對於跟他們同樣出身的玩家，也表現出相當程度的歧視。男性的種族歧視程度，似乎比女性嚴重，換句話說，男性對於具有歐洲姓氏玩家的信任感，會一貫性地高於具有中東姓氏的玩家。

透過這麼一個簡單的實驗，就顯示出歧視不但確實存在，也仍持續發生。我們如今很少會看到明目張膽的歧視，因為社會大眾對於公開的歧視行為極不贊同。但是當我們遠離社會的鎂光燈時，潛伏的歧視就有可能蠢蠢欲動。在這項實驗中，許多提議者的歧視行為源自於一種直覺（說不定還是在潛意識裡），認為比起中東背景的接受者，歐洲背景的接受者更有可能慷慨以報。從中東背景提議者表現出來的歧視行為來看，他們對於自己的同胞，似乎也有同樣的看法。

你這時候可能會想問，根據信任賽局實驗所揭示的接受者行為——這種認為中東玩家會吝於慷慨以報的直覺，是否合理？答案是，完全不是那麼一回事！無論接受者的種族背景為何，他們回報慷慨提議者的程度都一樣。事實上中東背景的接受者，還比歐洲背景的接受者稍微慷慨一點！

這種針對中東人士的汙名從何而來？我們在前一章曾經提

到過，經濟學家歐曼對於規則理性以及行為理性的區別。所謂規則理性的行動，顧名思義，是指我們在一生中，身處於許多不同的人際互動時，平均來說會讓我們獲得好處的本能規則；行為理性的行動，則需要比規則理性更多的認知關注，比較適用於特定的人際互動。

是否要信任一個人，主要受到情緒規則影響。不過雖然這些規則可以很有效地讓我們迅速做出決定，它們也有一大缺點：把事情過度概約化。在上述實驗中展現出來的歧視行為，就是錯誤概約化的一個範例。起於我們覺得不該信任那些非我族類，或是日子過得沒我們那麼好的人。雖然在某些情況下這樣做或許有道理，但這也有可能讓我們對他人興趣缺缺。這類規則往往只是因為我們區區幾次所信非人便在心中成形，難以撼動。即使證明這些規則錯誤有害，它們往往還是會維持很長一段時間。

人造花實驗的啟示

從這個角度看來，人類跟蜜蜂並沒有多大差別，因為蜜蜂同樣相當倚賴規則行事，而且難以改變。德國幾年前針對這點，進行了一項很有意思的「人造花」實驗。人造花是上色的圓形盒子，裡頭裝盛對蜜蜂來說非常有吸引力的花蜜，實驗人員鋪設了一片有黃花跟藍花的人造花海，花蜜放在黃色人造花

裡，藍色人造花則空空如也。

接下來實驗人員把一群年輕的蜜蜂放進人造花海裡，牠們立刻開始在花朵間飛來飛去。降落在黃花上面的蜜蜂，能夠滿載花蜜而歸；降落在藍花上面的蜜蜂則是大失所望，很快就繼續飛到另一朵花上面。經過一段時間之後，降落在藍花上面的蜜蜂數目逐漸減少，最後每當研究人員把蜜蜂放進人造花海時，所有的蜜蜂都知道要避開藍花，直接飛到黃花去採蜜。

這時候實驗人員改變規則，把花蜜放在藍花裡，黃花則變得空空如也。他們認為蜜蜂會逐漸發現，牠們應該要改去藍花採蜜，對黃花棄而不顧，然而結果卻不是這樣。蜜蜂頑固地維持牠們先前的行為模式，繼續只飛到黃花上面。儘管牠們每次飛到空空如也的黃花都大失所望，但牠們對藍花的錯誤成見仍舊揮之不去，就是不飛到藍花上。縱使蜜蜂因營養不良而愈來愈無力，這種「堅持飛黃花」的情形仍在持續。最後，整個蜜蜂族群都死光了。就某方面來說，這群蜜蜂因為對藍花有成見，等同於在「汙名化」的祭壇上自殺。

這項蜜蜂實驗不但顯露我們無意識的偏見可能造成的危害，也指出了人類可以抗拒偏見的一種方法。如同信任賽局所描述的，我們有多麼願意把自身福祉交付到他人手上，會受到社會條件影響而改變。根據這些實驗顯示，只有在情緒凌駕於純粹理性的自利動機時，這樣的環境才有可能存在。

8
不信任感與恩惠市場賽局

賽局一開始僅展現出小小的不信任感，到了賽局結尾時卻全面爆發，變成一個自我應驗預言。

　　2001 年，我獲聘為義大利佛羅倫斯的歐洲大學學院（EUI）教授，因此在這個美麗的城市住了下來。EUI 由歐洲共同體（European community）設立，目的是要訓練歐陸在社會科學領域最精銳的佼佼者，攻讀博士學位並進行學術研究。歐盟每個成員國都有分配到一定的招生數額，因此這間學院不但由許多不同國籍的學生構成，而且比例相當平均。這對於該學院是一件很棒的事，也極適合用來作為研究母體。大部分學生會說至少三種歐洲語言，也在不只一個歐盟國家居住過。EUI 公開表示，它的宗旨就是要成為歐盟的意識形態中心。

　　時任德國外長的約序卡・費雪（Joschka Fischer），在 2001 年召集了 EUI 全體大約 30 名的社會科學領域教授，交付給我們一項奇怪的工作：起草一份「歐洲合眾國」憲法。隨

後，歐盟撥給我一大筆研究補助金，我連同其他幾位同事決定運用部分經費，以歐洲作為研究對象，研究信任與可信度之間的關聯性。[1] 我們決定用一個「恩惠市場」的賽局來進行實驗。

恩惠市場賽局

我們的實驗對象，是那些來自於歐洲不同地區，剛到EUI報到的學生（因此沒有任何能夠彼此混熟的時間）。我們將每5 個學生分成一組，每一組的成員都沒有直接照過面，所有的互動都是透過電腦螢幕進行。

實驗一開始，小組成員都會拿到每一位受測者的簡短敘述。對我們這些實驗人員來說，最重要的細節在於受測者的國籍，不過我們也把年齡、學術興趣等比較次要的細節，納入發送給受測者的簡短敘述當中。接著我們給每位受測者 50 歐元，告訴他們可以把任意金額的錢，隨意給小組裡的其他成員。這是個信任賽局，因此轉給其他人的錢，都會增為 3 倍。收到他人率先慷慨轉帳的人，也跟信任賽局一樣，有機會可以選擇回報給他們錢的人，要還多少錢都可以。

每一組重複進行六回合賽局，結果會創造出一個動態的恩惠市場：每個人可以選擇他欲慷慨贈與的對象，並期待這份慷慨會在這一回合或之後的回合獲得回報。

我們的實驗目的，是要比較北歐人跟南歐人，願意信任他人的程度。我們在這項研究中，把北歐定義為丹麥、瑞典、芬蘭、英國、德國、荷蘭與比利時；南歐則有義大利、西班牙、希臘、葡萄牙與法國（法國大多數公民居住在法國南部）──這不僅是南、北歐的地理分界，同時也區隔開拉丁文化跟盎格魯─日耳曼文化，這可不是巧合。

　　這項實驗的受測者都是年輕的知識分子，過去都有相當程度的國際與多元文化互動經驗。考量到這樣的背景，你可能會以為國籍不會影響到受測者在賽局裡展現出來的信任程度。但從結果看來，這樣的假設顯然是錯誤的：相較於北歐人，南歐人明顯受到歧視。北歐人對於南歐人表現出不信任的態度，這種歧視不但表現在他們選擇要給哪些人錢，也表現在他們願意給予的金額。受測者要把錢給其他人時，比較不會選南歐人。就算選上了，給他們的錢也比給北歐人的少。

自我應驗的不信任感

　　這個賽局的動態變化，讓我們有機會觀察到隨著賽局一回合接著一回合推演，歧視如何浮上檯面。我們本來預期歧視會隨著賽局進行而逐漸消退，但出乎我們意料之外地恰恰相反。經過謹慎分析資料之後，我們發現了歧視逐漸增長的祕密：第一回合時確實有出現一些對於南歐人的不信任感，不過程度不

大，無足輕重。不被信任的對象，在第二回合也會猜疑他人，而助長不信任的反應，但這又會被解讀為歧視南歐人有理，因此下一回合歧視南歐人的情形會變得更嚴重，進一步加深不信任感。如此惡性循環下去，起初一丁點沒什麼道理可言、程度不大且無足輕重的歧視，就在我們眼前膨脹到不成比例。

賽局一開始僅展現出小小的不信任感，到了賽局結尾時卻全面爆發，變成一個自我應驗預言。倘若連被招進 EUI 的那些既年輕又聰明的精英知識分子都會這樣，那麼這個現象可能在整個歐洲都很普遍。

我們想要發表這篇論文，卻碰上很多困難，有些審查者認為這篇論文有煽動指責之嫌，在我看來，這種看法並不公平。最後，是行為經濟學領域中最重要期刊的編輯——一位出身自德國家庭的西班牙人，認為這篇論文有其重要性，才終於同意刊登，特此致謝。

然而，南歐人跟北歐人均要為實驗中出現的不信任感增長情形，負起部分責任。這些自我應驗的不信任感，似乎會導致許多人際溝通不良。比方說，雇主表示對某位員工的能力欠缺信心，就會限制該員工成功的機會。倘若該員工因此失敗，雇主就會覺得自己的預期果然沒錯。另一方面，若是員工一開始就覺得他的工作成果會被雇主視而不見，他就真的不會表現出該有的功績與尊重感。若是在一段感情中害怕受到傷害或失望，這樣的心態本身就可能把這段感情搞砸。

9
自私、慷慨與雙向信任賽局

我們不斷經歷與信任賽局類似的互動情境，因此關於信任與慷慨的文化準則，早就深植於我們的直覺當中。

　　我跟經濟學家澤爾騰在 2008 年，拿到一筆德國科學基金會（German Science Foundation）的研究補助款，於是在實驗室進行了一項關於民族中心主義（ethnocentrism）的研究。民族中心主義指一個人以自身的文化規範為唯一依據，藉此評斷其他社會的人。我們跟來自伯利恆大學以及聖城大學的巴勒斯坦籍同事合作，找來了德國人、以色列人以及巴勒斯坦人，進行了兩個信任賽局實驗。還記得信任賽局有兩位玩家，一位是提議者，另一位是接受者嗎？提議者在第一回合，會從主持實驗者那裡拿到一筆錢，而他可以從中分任意數額給接受者。接受者每從提議者那裡得到 1 美元，主持實驗者就會另外再給接受者 2 美元。接受者在第二回合，可以從他所得中回贈任意數額給提議者。

實驗一：直覺式的文化信任準則

我們的第一個研究實驗，是讓每個國籍的玩家，都只跟他們同一國籍的玩家進行信任賽局：德國玩家在波恩大學對玩，以色列玩家在希伯來大學對玩，巴勒斯坦玩家在聖城大學對玩。

先讓玩家只跟同一國籍的玩家對玩，讓我們能夠為每一組玩家，建立起個別的信任準則。其中，各組織間的信任程度有明顯區別：巴勒斯坦人的信任程度最高，平均會把 66% 的錢轉給其他玩家，相較之下以色列人最不信任他人，平均只會把 36% 的錢轉給別人。德國人則比較中庸，平均會把 50% 的錢轉給他人。

在這個實驗中的玩家，進行的是標準信任賽局，不過我們同時也要求扮演接受者的玩家，事先預測他們能夠從提議者那裡拿到多少錢。平均來說，每一組玩家的猜測結果驚人地準確，提議者的行為與接受者的預期兩者高度相關。聖城大學的巴勒斯坦籍接受者，從同學那裡得到慷慨贈與時，並不會多麼吃驚。希伯來大學的以色列籍接受者，對於他們的以色列同學提出的少量金額，也同樣見怪不怪。每個文化似乎都有各自的內部信任準則，只要是生活在那些文化中的個體，對於那個準則都心知肚明。

然而參與這項實驗的人，究竟為什麼對於自身文化的信任

準則如此心知肚明，使他們幾乎能夠完全預測到提議者的行為？參與我們實驗的人，都是第一次進行信任賽局，先前也沒有參加過這類賽局的經驗。然而我們這一生當中，卻是三天兩頭就身處在類似的互動情境，即使不是跟信任賽局一模一樣，但是在很多方面也都有相似之處。我們身處在這類情境的經驗多到數不清，影響也遠大於任何一次的信任賽局，因此這類在生活環境中關於信任與慷慨的文化準則，早就深植於我們的直覺當中。擁有這樣的直覺，對於取得社會成功相當關鍵，事實上可能比具備分析自己所處情況的能力，還更重要。

實驗二：火力全開的民族中心主義

我們在第二個實驗中，讓玩家對上來自不同文化的對手。我們做了所有可能的文化配對：以色列人對上巴勒斯坦人，以色列人對上德國人，巴勒斯坦人對上德國人，德國人對上德國人，以色列人對上以色列人，以及巴勒斯坦人對上巴勒斯坦人。這項實驗透過電子通訊，在波恩、耶路撒冷，以及約旦河西岸同步進行，每一位玩家都會被告知對手的國籍。

在這次實驗中，民族中心主義火力全開。扮演接受者角色的玩家，對於提議者行為的最初預測，跟對上出身同樣文化提議者的第一項實驗沒有兩樣，比方說巴勒斯坦人即使對上以色列人，仍然會猜對方平均會拿出 66% 的錢，而已經習慣從小

氣吝嗇的同胞那裡拿到 37% 金錢的以色列人，對於巴勒斯坦或德國提議者的信任度同樣低落。

那麼提議者又如何呢？他們也按照自身的文化行事，兩次實驗提議給的金額大致相等，無論對上的是同胞還是來自不同文化的玩家皆然。由於無論對上的接受者是何國籍，提議者提出的金額都一樣，我們可以得出結論：國籍不會造成顯著的歧視行為。

實驗中沒有出現公然的歧視行為，似乎令人欣慰，但只要稍加深究，就會發現事情並沒有那麼美好。玩家在實驗中的天真行為，牽涉到某種程度的民族中心主義，這有可能會造成戲劇性，甚至悲劇性的效應。這點在以色列籍提議者對上巴勒斯坦籍接受者時，就顯得格外清楚：以色列的文化準則就如同第一項實驗所示，提議者會提出很低的金額（平均大約 36%），而且無論接受者是以色列人還是巴勒斯坦人，提議者都會堅持提出金額如此低的提議。

然而，巴勒斯坦的文化準則，卻會讓提議者提出標準高很多的金額（大約 66%）。巴勒斯坦籍接受者的民族中心主義，會使得他們認為以色列籍提議者，也應該要提出符合巴勒斯坦文化準則的提議，因此在得知以色列籍提議者提出的金額時，不免會大失所望。巴勒斯坦玩家在實驗結束後的調查問卷表示，他們預期以色列玩家會給的金額，與他們實際收到的金額之間的差距顯示，以色列人歧視巴勒斯坦人。他們甚至沒有

考慮到這個落差，實際上有可能是不同的行為準則所造成，因為以色列玩家對於其他的以色列同胞，也同樣會提出低金額的提議。民族中心主義中許多最危險的元素，就是源自我們未能看出這個世界上，有可能存在不同的文化準則。

相反地，當巴勒斯坦人擔任提議者角色，以色列人擔任接受者角色時，就出現了正面效應。在這種情況下，民族中心主義會讓以色列籍接受者以為，巴勒斯坦籍提議者會跟以色列籍提議者一樣，提出 36% 這種低金額的提議，因此對於超出預期將近 1 倍、平均 66% 的提議，自然會意外地感到驚喜。以色列玩家在回答問卷時指出，他們沒有考量到巴勒斯坦人之所以這樣做，有可能只不過是按照他們的文化準則行事，因此許多以色列人認為他們獲得如此慷慨的提議，是巴勒斯坦玩家對以色列玩家展現不可思議的善意。

巴勒斯坦式慷慨

只要碰上文化行為有歧異之處，就會出現民族中心主義。我們還沒有討論到的一點是，為何在信任賽局中，巴勒斯坦的社會準則會讓他們提出的金額，遠高於以色列人與德國人？為什麼他們會對他人如此信任？巴勒斯坦人堅持給以色列人與德國人那麼多錢，顯示光是「巴勒斯坦人對大學同窗的認同感」，或是「巴勒斯坦人的民族團結情結」等特殊感受，並不

足以解釋這個現象。

我不能說自己提出夠令人信服的解釋，只能從跟我共同主持實驗的巴勒斯坦籍同事的長談中（主要是聖城大學的穆罕默德‧亞尼 [Mohammed Djani]），提出一些可能的臆測。我的同事把巴勒斯坦人在信任賽局中的慷慨提議，歸因於巴勒斯坦文化中，集體主義與個人主義相對重要性的差異。巴勒斯坦社會仍然認為個人主義是可恥的，因它與傳統宗教價值相衝突。以巴衝突也可能使得巴勒斯坦人，對於過度的個人主義戒慎恐懼。

若是未能回報他人的慷慨行為，在巴勒斯坦社會所承受的譴責唾棄要甚於西方文化。這使得信任賽局中的巴勒斯坦籍提議者，會對於接受者表現得更為慷慨。令人意外的是，民族中心主義會使得巴勒斯坦籍提議者認為，其他文化接受者的反應也應該跟巴勒斯坦籍接受者一樣，然而實際上在西方文化中，利己行為既是主流，也被視為合情合理。

談判破局的原因

網路使用普及化以及經濟全球化，正在加速跨文化交流的步伐。民族中心主義可能會在百年內消失無蹤，但這不是因為我們學會欣賞文化背景相異者的行為，而是因為各文化之間的差異性幾乎被抹除殆盡。大多數人類將會共用一個單一的行為

典範模型，任何未能按照典範模型行事的人，在經濟上與社會上將無法生存。不過在這過程完成之前，能夠認清自身的民族中心主義，並設法使其行為能夠適應所處社會環境的人（即使這意味著要改變他們先前習慣的作風），還是會比他人更容易成功。

這在商業或政治談判時格外重要。就如同政治學家雷蒙·寇恩（Raymond Cohen）在他的著作《以埃關係的文化與衝突》（*Culture and Conflict in Egyptian-Israeli Relations*）所言，談判會破局往往是因為民族中心主義，而不是談判各方之間有什麼根本歧異，這也正是以巴和平協議屢屢破局的原因。想要達成和平協議，可不只是談判人員克服自己的民族中心主義，設身處地站在對方的立場去想就夠了，而是雙方大多數人民也都必須要克服自己的民族中心主義才行。若是沒能得到以巴人民的廣泛支持，壓根就不可能談成任何和平協議。

雙向信任賽局：給予版 vs 拿取版

我跟參與那場德國人—以色列人—巴勒斯坦人實驗的同事，一起主持了另一項實驗，目的是想要進一步了解經濟交流中的文化差異。這項實驗採用新的雙向信任賽局，再加上兩個變化。

我們把新賽局的第一個版本稱為「給予版」，賽局如下：

兩位玩家起初都拿到同樣金額的錢，比方說 100 美元，然後每位玩家都必須決定自己要把多少錢分給另一位玩家。就如同標準信任賽局一樣，每當玩家從另一位玩家那裡分到 1 美元，主持實驗的人就會再給拿到錢的玩家 2 美元。

這個賽局的兩位玩家，會在不知道另一位玩家會給多少錢的情況下，同時決定要給另一位玩家多少錢。因此一位玩家在賽局結束時所擁有的總金額，就等於他留下來沒有給另一位玩家的錢，加上他從另一位玩家那裡所得金額的 3 倍。舉例來說，倘若第一位玩家給第二位玩家 30 美元，從第二位玩家那裡獲得 20 美元，那麼第一位玩家在賽局結束時所擁有的總金額，就等於 70 美元加上 60 美元，一共 130 美元。

這個賽局的第二個版本稱為「拿取版」，賽局如下：每位玩家一如往常，起初都拿到 100 美元，然後每位玩家都必須宣布他會從另一位玩家那裡，拿走多少屬於他的「份額」。主持實驗的人，會在另一位玩家拿走他的份額之後，看他剩下多少錢，每 1 美元再多貼 2 美元。因此一位玩家在賽局結束時所擁有的總金額，就等於他從另一位玩家那裡拿走的錢，加上另一位玩家拿走他的份額後，剩餘金額的 3 倍。舉例來說，倘若第一位玩家從第二位玩家那裡拿走 70 美元，第二位玩家從第一位玩家那裡拿走 80 美元（只留下 20 美元給第一位玩家），那麼第一位玩家在賽局結束時所擁有的總金額，就等於 70 美元加上 60 美元，一共 130 美元。

就策略角度來看，這兩個賽局一模一樣。拿取版賽局可以重新擬定為兩回合制的賽局：每位玩家在第一回合把另一位玩家的 100 美元全部拿走，然後在第二回合繼續進行給予版賽局。然而在第一回合交換那 100 美元實在沒有意義，因為第一回合結束時，每位玩家還是剩下 100 美元。

請注意倘若兩位玩家都自私且理性，只為自己的利益著想，那麼他們在給予版賽局中，連一毛錢也不會給另一位玩家，因此到了賽局結束時，他們還是死抱著最初的 100 美元不放。在拿取版賽局中，倘若兩位玩家都自私且理性，那麼他們都會把另一位玩家的 100 美元全部拿走，因此到了賽局結束時，他們還是只有跟賽局開始時一樣的 100 美元。上述行為都正是各自賽局中的奈許均衡。這兩種賽局就策略角度而言並無二致，因此按照自私理性的思路，我們理應看到這兩種賽局產生類似的行為，最終結果也幾乎一模一樣，唯一區別是描述方式的不同。然而實驗結果卻大相逕庭，玩家在進行給予版賽局時的行為，跟進行拿取版賽局時截然不同。更重要的是，這些行為差異會依文化而定。

不同文化玩家的行為特徵

我的同事透過給予版以及拿取版賽局，比較以色列、巴勒斯坦以及中國玩家在實驗中的行為，而對陣玩家都來自相同的

文化背景。以色列玩家在給予版賽局中給得少，在拿取版賽局則拿得多；巴勒斯坦玩家在給予版賽局中給得多，不過在拿取版賽局也拿得多；中國玩家在給予版賽局中給得少，不過在拿取版賽局也拿得少。

不同文化背景的玩家，行為特徵也不同。以色列人非常著重個人利益，其行為最接近於奈許均衡的預測。不過請不要因此驟下結論，認為以色列人一般來說，比另外兩個文化的人更為自私。我們稍後會再探討這個重點。

相反地，巴勒斯坦人在給予版賽局中相當慷慨，在拿取版賽局卻很自私。這顯示巴勒斯坦人在做決策時，著重於預期互惠等非金錢的考量，其行為會受到他們預期他人會怎麼做而影響，而這取決於兩種賽局實際上如何描述給玩家聽。例如，若在描述賽局時強調「給予」，會使得玩家預期他人會很慷慨，因而鼓勵大家都遵循這個原則性規範，也跟著慷慨。另一方面，在描述賽局時強調要決定拿走多少錢，會使得玩家預期他人會自我圖利，因而也跟著自私自利。

中國玩家很尊重財產權，他們會努力避免過度慷慨的行為，也會避免傷害他人的舉動。他們給得很中庸，也拿得很中庸，想要盡可能在賽局結束時擁有的金額，跟賽局剛開始時拿到的金額一樣。中國玩家的行為讓我想起我的岳父曾經告訴我，他在二戰時於蘇聯紅軍當兵的經驗。他每次講完故事，總是用同一句話作結，一語道破他對於這場戰爭的主要見解，可

能也是他得以存活下來的祕訣：「絕不要志願出任務，也絕不要抗命。」

理解以色列人的思維邏輯

對於以色列玩家在拿取版賽局的行為，我並不感到驚訝。我跟同事們討論過很多次，關於以色列人在這些實驗性賽局中，老是展現出比其他文化背景者，更強的競爭性以及功利性自利的現象。這個現象在各種賽局中都出現過，包括最後通牒賽局、囚犯困境賽局、獨裁者賽局以及信任賽局。這點令以色列籍研究者格外困擾，他們在國際研討會上發表於以色列進行的實驗結果時，經常會覺得丟臉跟不自在，也擔心把這點凸顯出來，可能會助長散布惡意反猶太言論者的氣焰。然而實驗結果真的意味著以色列人心中，有著根深蒂固的競爭意識、超乎常人的貪婪，並對他人冷酷無情欠缺同情嗎？我可不這麼認為。

我認為這個現象的根源，在於以色列人的個人主義，與給予跟團結在以色列社會中的特殊地位，兩者之間未能協調一致。以色列人在危機時刻，十分願意把個人利害擱在一旁，志願互助合作，其程度就算以最嚴苛的國際標準評斷，也是極為罕見的。

以色列社會倘若完全都是由貪得無厭、只顧自身眼前小利

的個人所構成，不可能在這長達百年的艱苦衝突中存活下來。但這只更凸顯了問題：為什麼這些毋庸置疑的團結與互相關懷範例，無法在實驗中表現出來？

我認為答案在於以色列社會在危機當頭，賦予團結一致極高價值的同時，也十分著重於個人主義以及個人成就。這兩方面結合起來，正是以色列能取得經濟、科學、科技成就的祕密。以色列人在社會安全陷入危機時，十分願意把個人利益置之度外，團結一致為大我付出奉獻。但是在情勢較不緊急的時候，一般的以色列人就會轉而追逐競爭與成功等其他價值，緩解團結一致的重擔。為了平衡心理重擔，他會覺得比起那些不用三天兩頭就為大我奉獻的歐美同事，自己一心為己、我行我素的行為，更為天經地義。下面這則故事可以讓讀者略窺團結一致跟理性情緒在以色列的互動情形。

魯絲的神祕失蹤案

以色列在 2006 年夏天的情勢異常緊張。以色列軍隊跟黎巴嫩真主黨之間，發生了持續好幾週的軍事衝突。黎巴嫩自 1948 年以來，從未如此猛烈地襲擊以色列的非軍事目標。

在這場激烈的戰事期間，我收到一封舊識多莉絲・艾利克森（Doris Ericson）寄來的電子郵件，她的女兒魯絲正好在戰事開始之前，趁著暑假造訪以色列。我在 1990 年還在匹茲堡

大學當博士後研究員時，認識了多莉絲跟她先生賴瑞，我跟我太太經常跟他們，以及當時年僅 10 歲的魯絲一起度過週末。魯絲是個神童，不但精通三種語言跟好幾種樂器，而且只要我們犯了任何微不足道的錯誤，像是講錯超市某個商品的價格，或是誤解電腦科學量子位元的概念，她都會毫不猶豫地糾正。我們夫妻回到以色列定居後，就較少跟艾利克森夫婦見面。在 2006 年，魯絲已經 27 歲，而我們已經有近 17 年沒有見過她。

在那個戰事方熾、不尋常的星期五，魯絲本來應該要來我們家用晚餐。她在大約晚上 7 點時，從耶路撒冷市中心打電話給我，要我跟計程車司機說明怎麼把車開到我家，而且要我長話短說，因為她的手機快要沒電了。

從耶路撒冷市中心到我家，車程通常是 20 分鐘，但是到了 7 點 45 分，魯絲還沒有到我家。我打電話給她，想問問看有沒有什麼狀況，但是她沒接電話。我開始愈來愈擔心魯絲，我太太阿塔莉亞則試著安慰我，「她當然不會接電話啦，你忘了她手機沒電啦？」但是到了 8 點 15 分，魯絲還是沒出現，就連我太太也開始焦慮。

到了晚上 9 點，我們再也坐不住了，決定打電話報警。警察非但沒有怪我在戰時，拿這種芝麻小事叨擾他們（其實我倒希望他這樣說），他的回答反而讓我心裡七上八下。「溫特先生，你說的事聽起來十分嚴重，你應該早點打電話來的。」警車不到半小時就到我家報到，警方則已經開始尋找魯絲最後用

電話跟我聯絡的確切地點，希望能夠追查到她的下落。

「溫特先生，」警察問道，「你能否告訴我們，計程車司機聽到你跟他講的路線之後有何反應？」

「他只說了『沒問題，我知道了』之類的話。」

警察接著又問了許多問題。「他是在你講到一半就回答，還是等你講完才回答？他有沒有任何能夠聽出來的口音？」

警方想要透過魯絲的手機找到她，卻徒勞無功，因此他們派了一輛警車，前往她最後跟我們聯絡的區域。警方要我們提供魯絲的詳細長相，我們只能說沒辦法。

「你這話什麼意思？」其中一位警察生氣地問道。「真的有個叫魯絲的人，今晚要來拜訪你們嗎？」

當我跟阿塔莉亞試著描述魯絲 10 歲時的樣貌時，警察們失去了耐性。「有沒有誰跟魯絲夠熟，能夠告訴我們她現在長什麼樣子？她父母呢？」

我咕噥地說她父母當然知道魯絲現在長什麼樣子，然後就聽到了那句我最怕聽到的話：「那麼讓魯絲的母親聽電話。」

我打電話給待在匹茲堡家裡的多莉絲。那是我那一整晚最難熬的幾分鐘。

「多莉絲，請聽我說……魯絲還沒到我家。」

我們的對話產生了一段令人心跳停止的沉默。我試著讓我們兩個人都冷靜下來。「多莉絲，現在距離魯絲原本該到我家的時間，只不過過了 2、3 個小時而已。說不定魯絲在最後一

刻覺得，與其跟父母的朋友度過一個無聊晚上，她寧願搭計程車去好玩的地方。也說不定她去見男朋友或女生朋友了……」

「不，艾雅爾，」多莉絲說，「除了你跟阿塔莉亞，她在以色列誰都不認識。我不知道該怎麼辦。賴瑞在加州開研討會，我一個人在家。你要幫幫我啊！」

跟多莉絲談過之後，我跟阿塔莉亞覺得更焦慮了。我決定在跟客廳裡那些警察打交道之前，再試著打一次魯絲的手機。出乎我意料的是，這回我竟然聽到魯絲的聲音。

「魯絲，是妳嗎？妳在哪兒啊？」

「艾雅爾，我在你家吃晚餐啊！」

「不，魯絲，我是問妳現在在哪裡？」

「我就在你家啊！」魯絲堅稱。

這時候警察插嘴：「跟她說我們馬上會派一輛警車過去，只要想辦法讓她跟我們說她在哪就好。」

「我覺得她搞不清楚狀況。」我結結巴巴地說。

「她當然搞不清楚狀況！」警察吼道。「她似乎被人攻擊了，試著讓她敘述周遭的狀況。」

我把電話交給阿塔莉亞。她是受過訓練的心理學家，我覺得她比較適合這種工作。

「嗨，魯絲，我是阿塔莉亞。跟我說清楚妳在附近看到些什麼好嗎？」

「我看到有幾個人坐在一張長桌旁邊。妳現在在廚房裡，

對吧？」

「當然囉！」阿塔莉亞說。「妳能夠讓我跟坐在桌子旁的誰說話嗎？」

「好啊，等一下喔。」

過了幾秒之後，我聽到一個低沉的男性聲音從電話那頭傳來，結果他是隔幾棟房子的一位鄰居。計程車司機很不負責任，把魯絲載到錯誤的地址，而魯絲自己也搞不清楚狀況，再加上超級好客的鄰居（他才剛搬到這附近），就鬧出了這齣我們一點也不覺得開心的荒謬喜劇。

倘若你覺得我鄰居的行為很奇怪，請謹記這事發生在戰時。當時以色列北部正遭受飛彈攻擊，我與阿塔莉亞跟其他許多人一樣，會邀請住在北部地區的人們，來到我們這個遠離飛彈射程的城鎮暫住。我們的鄰居天真地認為，站在他們家門口的年輕女子，不過是另一名來自北部地區，尋求暫避戰火的難民。當他們以熱烈歡迎之姿打開家門時，魯絲自然會以為她找到了爸媽朋友的家。她立刻把鞋子脫掉，臉上掛起大大的笑容，走進去擁抱每個站在屋裡的人。坐在我鄰居家裡桌旁的其他人，雖然覺得這位不速之客的行為有點奇怪，但他們努力不讓她覺得尷尬或不受歡迎。

到這個時候，阿塔莉亞已經知道魯絲走錯了房子，她興奮地甚至忘了先穿鞋，就跑出去要把魯絲帶回來。我鄰居的大兒子看到阿塔莉亞光腳跑向他們家時，他大叫：「媽！又有一個

肖查某跑過來啦！」

　　魯絲在這幾個小時中，被一個她不認識的家庭當成客人招待。然而，無論是她還是主人，都不覺得這當中有什麼不對勁之處，因為他們對於主客應有行為舉止的文化準則並不一致。魯絲沒有想到她進錯了房子，因為在她熟悉的美國文化準則中，一個全不相識的陌生人隨便走進一間房子，還會受到熱烈歡迎，是難以想像的事。她在運用自己的文化準則判斷情況時，陷入了民族中心主義的陷阱。

　　至於招待魯絲的主人，他們是有虔誠宗教信仰的以色列家庭，對他們來說，週五招待陌生人到家吃晚餐，是再稀鬆平常不過的事了，尤其在許多人逃離受飛彈威脅地區的戰時更是如此。他們認為一個人在這種情況下，可以待在屋裡用頓飯，當然會感覺到很自在。對他們來說，溫馨招待魯絲是自然而然的事，他們也會盡一切所能讓她感到自在，避免提出任何可能讓她覺得尷尬的話題。他們同樣陷入了民族中心主義的陷阱，不過對於落入這個陷阱的人們來說還蠻愉快的（至於我們這些沒落入陷阱的人，反而就不怎麼愉快了）。

　　經過那一晚的事情之後，無論以色列人在實驗中顯得多麼自私自利，我都再也不覺得有必要為他們的行為感到抱歉。

自私與慷慨之辯

魯絲失蹤的故事，讓我們又上了關於自私與慷慨的重要一課：為什麼我鄰居會讓一個全不相識的陌生人，闖入他們親密的週末晚餐？他們在和平時期是否也會有類似的舉動？他們所展現出來的慷慨，顯然跟以色列當時的戰爭狀態，有很大關係。

在以色列社會，團結一致與個人主義之間的矛盾拉扯格外顯著，但這種矛盾在每個社會多少都有。每當社會處於戰爭或天災等等危機時，人們就會渴求團結一致，蔑視競爭意識與自私自利的心態。一旦威脅不再，這些感覺就會被增長的個人主義與自私自利所取代。當我們以個人主義與團結一致來思考時，卡崔娜颶風過境時的紐奧良波本街①，跟股市上漲時的華爾街，簡直有如兩個不同的星球。

當團體處於外在威脅之下時，人們似乎會變得比較不自私，對於團體成員更為慷慨。我們把這種行為稱為「團結一致」，這對於社會能否存續極為重要。

我們會在下一章探討，團結一致作為一種集體情緒的作用。

---

① 〔譯注〕波本街（Bourbon Street）為美國紐奧良最著名的夜店街，充滿各式酒吧、舞孃俱樂部、餐廳等。

10
歸屬、合作與集體情緒

人類對於歸屬團體的需求十分明顯。當團體成員內心燃起為團體奮戰的集體情緒，就會比其他團體更具優勢。

　　1933 年夏天，距離希特勒成為德國獨裁者才剛過了幾個月，華特・拉札（Walter Lazar）在德國東普魯士的柯尼斯堡（Königsberg）市中心，正好一頭撞上了一場大規模的納粹遊行。華特是我祖母珍妮的弟弟，他完全是納粹體制認為是邪惡化身的那種自由派世界主義猶太人。他看到群眾在他眼前列隊，第一個直覺是能閃多遠就閃多遠。但是好奇心勝過他的恐懼，他非但沒有逃跑，反而慢慢地走向隊伍中心。他的雅利安人外表掩飾了他的猶太裔身分，他身旁的人也覺得他出現在隊伍中很自然。

　　最後希特勒本人現身台上，他發表了一篇招牌激昂演說，激烈地打手勢，喊得聲嘶力竭，群眾也隨之陷入狂熱。他的演說經常穿插著滿滿人群詠唱「勝利萬歲！（Sieg Heil！）」接

著群眾便會陷入全然的寂靜，熱切地等待領袖的下一句話。對於發生在他周遭的事，華特先是震驚地無法置信，但接下來他逐漸有種奇怪的感覺：當遊行隊伍唱著納粹黨歌時，華特也跟著一起喃喃唱著歌詞。不久之後，他突然發覺自己真的被狂喜群眾的強烈情緒給淹沒了，也跟著身邊的每個人一起大喊「勝利萬歲！」希特勒說什麼他都拍手叫好！

等他回過神來，他覺得丟臉極了，一路跑到離遊行不遠處的姊姊家。我父親小漢斯當時才 12 歲，他說他這輩子都會記得華特叔叔那天的模樣。我爸把前門打開時，他注意到叔叔臉色白得像床單一樣，渾身都在冒汗。我祖母嚇得抓起電話想叫醫生，不過華特說服她沒有這個必要。他癱倒在沙發上，悲痛地哭泣。「這是什麼巫術？我怎麼會跟著一起唱納粹黨歌，還為希特勒歡呼？」

古老的歸屬需求

華特的故事其實並不是那麼異乎尋常。希特勒接掌德國之後短短幾個月，許多先前投身於社會民主黨或共產黨的成員，都以無比的熱忱參加大規模納粹黨遊行，這是史實。一群如單一生物體般行動一致的狂熱群眾，會對我們產生很強大的情緒影響，甚至幾乎帶有煽動性。這主要是源自於我們總是需要歸屬於某個團體的古老需求。

歸屬於某個團體的演化優勢十分明確：身為某團體的一分子，可使他在面對危險與敵人威脅時，更有安全保障，也更能夠獲得重要資源。

　　有幾個心理學實驗顯示，人類對於歸屬團體的需求十分明顯，甚至在抽象而且沒有前因後果的情境下也不例外。例如，受測者被以顏色分組（藍色跟綠色），並進行先前章節敘述過的信任賽局。儘管實際上小組顏色跟賽局本身毫無干係，但他們對於跟自己同一顏色的小組成員，還是比對於「另一組」成員來得更慷慨。創造並維持團體凝聚力的機制，本質上就是一種激發集體情緒的機制。

　　科學、技術以及藝術發展主要是由個人層面推行的認知與情緒現象，然而人類社會史卻主要由集體情緒主導。戰爭與條約、激烈的政治經濟變化，以及那些大革命，主要都是受到集體情緒驅動。

分組版囚犯困境賽局：促進合作的團體認同

　　我的已故好同事蓋瑞·伯恩斯坦（Gary Bornstein）下了很多工夫，研究團體之間的緊張關係，如何強化團體內的合作。我參與了其中兩項研究，讓受測者進行一個稍微有點變化的囚犯困境賽局。[1,2] 這個賽局不是單純的一對一，而是讓兩對玩家進行賽局，每一對玩家都各自進行一對一的囚犯困境賽

局，然後得到賽局結束時的報酬。不過當賽局結束時，我們會給總報酬比較高的那一對「勝出」玩家一點額外獎勵。

跟先前章節探討的個人情緒相反，集體情緒能夠連結起多人的心理狀態。比方說，這種相互連結的心理狀態可能表現在想要贏過敵對團體的欲望。這就可以解釋為什麼即使每個人分到的勝出獎勵很少（看似不足以促使他們通力合作），然而相互連結的心理狀態，仍然會大大地促進團體合作。

我們那個以顏色分組的實驗，顯示出來的合作程度相當驚人，遠超過受測者進行一般一對一（不分組）的囚犯困境賽局的合作情形。即使合作時的個人報酬，跟一般囚犯困境賽局完全一樣，但因為人們非常想要贏過其他團體，他們還是會密切合作。然而，正是這股由團體認同促成的合作關係，使實驗受測者獲得遠多於進行一般囚犯困境賽局時的報酬。

這個簡單的模擬實驗指出，集體情緒如何增進個人的物質利益，並提高他們的生存機會——這顯然可以轉化為個人的演化優勢。在上述例子中，彼此有關聯並投入其中的集體情緒，僅僅發生在同個顏色團體的兩位合作夥伴之間，不過你可以想見倘若是幫派對峙，準備要大打出手時，會是何種情況。這是集體情緒如何產生的經典範例：每個幫派成員都對自家兄弟抱持著滿滿的同理心，甚至願意冒著生命危險拯救兄弟，或是為幫派的榮耀復仇。與此同時，他們心中也會燃起對於敵對幫派成員的恨意。這些集體情緒不但會影響幫派成員之間的感受，

也會影響他們對敵對幫派成員的感覺，並在內心燃起為團體奮戰、脅迫敵人的承諾。一個能夠在成員心中激發起這些集體情緒的團體，就會比其他團體更具優勢，從而提升團體的生存機會。

克魯格國家公園之戰

人類能夠協調情緒，把它們轉變成強大力量的能力，似乎是自古演化而來。任何未能加入群體的人，無論是出於自身選擇還是被排擠，他的生存機會就會明顯低於那些有團體歸屬的人。集體情緒事實上可以在許多哺乳類與鳥類身上發現，並不只限於人類而已。

有興趣的讀者可以到 YouTube，觀賞一部名叫「克魯格國家公園之戰」（Battle at Kruger）的驚人影片。這段影片是由一群造訪南非克魯格國家公園的遊客所拍攝，一開始會看到一群水牛悠閒地漫步於河岸的鄉間小徑，突然間一群獅子冒了出來，想找些容易獵捕的目標下手。牠們盯上了一頭還在母親腿下蹣跚學步的小水牛。

在一段短暫卻駭人的追逐後，獅群成功把驚恐的水牛群嚇得四處逃散。那頭可憐的小水牛無法用牠孱弱的腿跟上水牛群，一如獅群所願變得愈來愈落單。獨自處於空曠處的小水牛，被一隻獅子牢牢地咬住拖向河邊，看來注定要被淹死，成

為獅群的佳餚。

　　但是即使是一隻小水牛，也已經大到沒辦法三兩下就置之於死地。那頭小水牛展現出驚人的韌性，為了活下去奮力掙扎。福無雙至，禍不單行，正在牠努力求生的當口，一隻鱷魚突然從河裡冒出來，一口咬住小水牛的腿。獅群吃了一驚，但牠們也沒放棄，開始嘗試要把受傷的小水牛從河裡拉上岸，鱷魚則是頑強地往反方向拉扯，想把小水牛拉進河裡。

　　鱷魚寡不敵眾，獅群靠著團體之力贏得這場拔河比賽。小水牛現在被三隻獅子牢牢地咬住，看來終究難逃一劫。但接下來最驚人的事情發生了：先前一看到獅群就逃命去的水牛群，既堅決又憤怒地衝了回來，不到幾秒鐘就有一大群水牛，把抓住小水牛的那幾隻獅子包圍起來，另一群水牛則作勢向其他的獅子衝鋒，把牠們趕跑。圍住剩下那三隻獅子的水牛群，充滿威脅感地逐漸收緊，直到嚇壞的獅子把到口的獵物放掉，夾著尾巴逃命為止。被獅子留在現場，受傷倒地的小水牛，冷靜地自己站了起來，若無其事地重新加入水牛群。

　　這場不可思議的「克魯格國家公園之戰」，顯示只要善用群體固有的數量優勢與協同合作，就算是草食性水牛也能打敗大草原上最可怕的肉食性獅子。拍下這場戰鬥的遊客，完全無法掩蓋他們的情緒，在影片中可以聽到他們為這一大群水牛打氣歡呼。這個情境宛如一齣在眼前展開的戲劇，人們情不自禁地讓自己沉浸在強大的集體認同感之中。我認為每個看了這部

影片的人，也會感受到同樣的一股集體情緒。這部影片的 QR Code 如下：

我們 vs 他們

我先前曾經指出，集體情緒有時候會比個人情緒更為強烈，原因之一在於這兩種情緒在許多社會情境下，會形成一種彼此增強的回饋機制。許多宗教的虔信者，會在教堂、清真寺、猶太會堂等等地方聚集祈禱，他們並非只是想聚在一起，而是要創造出一個能夠放大祈禱情緒力量的環境。足球迷的熱情會被身邊其他球迷的熱情不斷激起，而他們被激起的熱情又會反過來刺激身邊的人，形成一個反饋迴圈。在小賈斯汀等流行音樂偶像出場時，會在現場昏倒的青少女，幾乎總是只有在身處於團體中時才會昏倒。如果她們是跟偶像一對一碰面，反應大概就會比較冷靜一點。

我們知道在許多政治與意識形態十分激昂的社會，家庭會反目，夫妻或父母小孩因為對這些議題意見相左，拒絕跟對方說話。在經過一段時間，激情不再之後，他們經常會說自己不

明白當初怎麼會鬧成那樣。為什麼事後回想起來根本是芝麻小事的問題，當時卻會造成那麼極端的反應？然而，那些反應並不單單是因為他們對政治問題的理智分析方式有異，而是還伴隨著包括團體認同在內的集體情緒，在這個案例中則是認同某個意識形態團體，排斥其他意識形態團體的情緒。

集體情緒經常需要有個對立團體來扮演競爭者或威脅來源的角色。要保有一個集體的「我們」，就需要有個集體的「他們」。「我們」跟「他們」之間的衝突愈大，彼此之間的群體認同就會愈強，也就愈容易形成團體。

我們許多人都很熟悉這種行為模式。比方說，在颶風逐漸接近這種緊急情況時，你會看到人們為了保護群體而齊心協力，對待彼此通常都會非常慷慨。要是颶風反轉回到海上，威脅消逝無蹤，人們就會把注意力放回到自己的個人生活。當人們覺得有敵人威脅國家安全時，愛國主義跟搖旗吶喊的情況最為顯著。我們本來可能對於政府意見很多，不過有外國人在場時，我們突然間就會熱切地為政府說話。

這個現象不單只發生在西方國家與文化。我的朋友松崗吉成城是日本著名武士家族的後裔。他有個祖先在 17 世紀時，曾是大阪城的武士大名，跟江戶的德川家對陣。江戶就是現在的東京，東京之所以成為日本首都，就是因為那場戰爭的結果。

在 2011 年東日本大地震海嘯過後，我打電話給松崗，確

認他們家是否安全無恙。我們彼此已很久沒見面，所以那通電話講了很久。聊著聊著，我詢問了松崗關於許多日本公民批評政府照顧災民不周，組織動員不夠快一事。松崗簡略地回答了我的問題，但是接著幾乎是憤怒地指責以色列政府倉促撤離駐東京大使館的雇員，沒有表現出跟日本共患難的態度，「既膽小又忘恩負義」。

我可沒有對他的指責保持沉默，立刻反駁說我確定每有一名大使館雇員從日本撤離，就至少有兩名以色列醫師跟救難人員，大發善心地飛到日本參與救難任務。我繼續強調世界上沒幾個國家像以色列那樣，一收到通知就願意派出救難隊前往世界上任何地點。這個情況持續了好幾分鐘，我們兩個都熱切地為自己的國家辯護，直到我們同時恢復理性，大笑出來為止。

作為精神支柱的集體情緒

團體認同可能只是個暫時性現象。人們會換工作、搬家，有時候還會移民。不過對於先前所屬團體的集體情緒，往往在我們不再屬於那個曾認同的團體之後，還會持續下去。那是因為團體以及構成團體的個人，他們的集體理性情緒如果是無條件而且無從改變的，那麼他們從中獲得的優勢，某個程度來說就會放大。倘若少了這些特質，團體就不太能對敵對團體構成威脅，只要想想看那些固守先前國家認同的移民就知道了。倘

若我們目前身屬的團體，跟先前所屬的團體發生衝突，這個現象甚至會展現得更戲劇性。

這個話題讓我想起一個我父親跟我說過，非常令人心神不寧的故事。我父親在二戰期間是個銀行職員，有一位銀行客戶是從納粹德國逃出來的猶太難民，他每個月都在同一天同一時間準時到銀行，把他三分之一的月薪，轉帳到德國一處神祕的地址。有一天我父親問他轉帳這些錢的用途，這位客戶像士兵聽到「立正」口令似地站得筆直，驕傲地宣布：「我也許沒有直接報效守衛德國家鄉的權利，但我仍然覺得自己有義務，最起碼也該有錢出錢，支援德國戰事。」我們不斷地尋求製造集體情緒的機會，即使某個團體認同不會帶來任何重大利益時也不例外，這正是集體情緒具有演化根源的強烈證據。其中，球迷認同某個運動俱樂部便是一例。

運動娛樂產業的主要重點，就在於建立具有精神支柱作用的集體情緒。運動俱樂部沒有什麼真正的目標（相形之下，工會就要保護成員免受雇主剝削，國家則是要保護公民免受外部威脅），球迷的共同目標是只要他們支持的球隊贏球就好。然而球隊其實也不是為了自己而存在，而是要在社會中創造出集體情緒。你只有前往擠滿人的體育館，身處一大群球迷之中，感受球迷站起來扯開喉嚨嘶吼，慶祝球隊剛剛得分時，才能真正體會這種情緒的深度與強度。

受集體情緒影響的球場裁判

這些情緒對於比賽本身有多大的影響？芝加哥大學跟布朗大學的研究者，在 2005 年發表一項有意思的研究，觀察大量足球賽事的裁判判決。這項研究特別著重於正規時間結束後的「傷停補時」，這項規則在規則手冊裡沒有明確規定，完全靠裁判個人判定。

研究者發現裁判決定的傷停時間往往有利於主場球隊。在比賽後段領先的球隊，希望傷停時間愈短愈好，落後的球隊則希望傷停時間愈長愈好（時間愈長，能夠得分的機會就愈大）。研究結果發現主場球隊在比賽末段領先時，傷停時間就比較短。如果是客隊領先，裁判就會給比較慷慨的傷停時間。在大多數的球場中，主場球隊的球迷人數通常都會超過客隊球迷，因此我們可以很合理地假定，裁判之所以會偏頗主場球隊，是因為主場球隊的球迷「發散」了強大的集體情緒給裁判。

男女大不同

為什麼相較於男生，女生對於支持球隊比較不感興趣？如本章前文所述，人類的集體情緒最初是源自於需要團體協助來取得重要資源，尤其在團體狩獵時更是如此。

由於狩獵主要由男性進行，因此男人對於集體情緒的需求，通常會多於女人。這或許可以解釋為什麼男人比女人更喜歡看運動賽事，也比女人更容易強調民族主義。

令人惱火的集體侮辱

我們目前已經探討過憤怒、同理心以及集體崇拜等集體情緒，但至少還要再介紹「侮辱」這個集體情緒。集體侮辱比個人侮辱更傷人。

舉例來說，想像一下你去應徵工作，得到下列答覆：

親愛的張三先生，

非常感謝您對我們公司有興趣。

不幸的是我們無法錄用您，因為老實說您的標準化測驗成績太低。本公司無論是正職還是約聘職，都只雇用分數比較高的應徵者。

我們希望您能夠順利找到與您技能相稱的工作。

這封信讓人既痛苦又尷尬，甚至極其無禮。不過請試想如果你是拿到下面這封信：

親愛的張三先生，

非常感謝您對我們公司有興趣。

不幸的是我們無法錄用您，因為您是黑人。本公司無論是正職還是約聘職，都不會雇用非裔美國人。

我們希望您能夠順利找到與您技能相稱的工作。

我們大多數人會覺得雖然這兩封信都非常侮辱人，但第二封信遠比前面那封信更為無禮。這兩封信談論該公司都比談論應徵者來得多，然而第二封信對於應徵者的個人能力毫無著墨，只因為他的集體身分就予以回絕。為什麼我們會覺得第二封信更侮辱人？為什麼黑人看到第二封信會更覺得被冒犯？有一種可能的答案是，第一封信裡有帶到可被視為拒絕應徵者的合理理由，第二封信卻沒有任何合理化的說明，但光是這樣並不足以解釋你的感受。試想一下第二封信如果含有下列文字：

過去我們注意到，非裔美國員工偷竊辦公室設備的數量，比白人員工多 20%。

這似乎可視為拒絕應徵者的正當理由，但卻同樣令人感到無禮，甚至比沒有加上這一句時更令人火大。那是因為根據應徵者的種族拒絕他，會形成集體侮辱——這不只是對個人的侮

辱，而是對集體身分的侮辱。這是集體情緒比個人情緒更為強大的另一例證。

　　集體情緒在個人層面上，是否算是理性？很多時候並非如此。華特叔叔在參加納粹遊行時，暫時被激發起來的熱忱，並沒有讓他得到多少好處。一個理性自私的員工，理應更在意針對他個人的批評，而非在乎他人基於種族歧視發表的言論。然而我們說集體情緒是理性的，意思有點不太一樣，是指這些情緒作用於集體時很理性。當我們把團體視為一個單位，而這個單位會在其成員體驗到集體情緒時，得到比較多好處。當演化之力作用於團體上（而不是作用於基因上），就會形成集體情緒。我們會在下一章探討這種演化形式。

11
群體生存策略

欠缺凝聚力的社會，在戰鬥中更常被打敗，也更常被個體背棄。

　　最廣為接受的演化模型，有兩個主要的核心元素：一是突變，一是選擇。突變會使生物體代代相傳的特徵產生隨機變化，選擇則是讓「好突變」散播到族群中，讓「壞突變」逐漸湮滅的機制。具有優良特徵的個體，比欠缺此特徵的個體容易生存，因此確保牠們能夠擁有更多後代。

　　我們通常會把演化的力量，想成形塑個體（或基因）特徵的力量，不過突變跟選擇其實也會影響社會演化。具有良性特徵的社會（比方說具有能夠維繫凝聚力的結構與價值），比欠缺這些特徵的社會更能夠存活下來──欠缺凝聚力的社會，在戰鬥中更常被打敗，也更常被個體背棄。

　　生物學以及社會科學的研究者，愈來愈常藉由團體演化模型，了解動物與人類的社會結構。該領域發展出兩個主要的演

化模型，一個叫做「群體選擇」（group selection），一個叫做「親屬選擇」（kin selection）。[1] 兩者內容有巨大差異，不僅僅是名稱不同而已，有時候換一個模型會得到完全相反的結果。

兩種演化模型示例：個體如何界定？

我們拿人類有朝一日，能否活到 1,000 歲這個問題為例好了。根據親屬選擇模型，人類非常有可能活到 1,000 歲，因為突變會產生隨機遺傳變異，隨著時間推移，會讓人類對所有已知的疾病免疫。那些欠缺延壽基因突變的個體會逐漸死絕，只留下那些可以活到 1,000 歲的人。

然而就群體選擇模型來看，這種發展簡直無法想像。一個人人都能活到 1,000 歲的社會，無法從世代交替之中獲益，在發展上會陷入「凍結」。隨著人口數直線上升，社會陷入永久性的資源耗竭，最後導致戰爭，害死的人數遠多於我們這個平均壽命只有 80 歲的社會。

然而，研究者對於群體選擇模型的合理性仍聚訟不已。批評者聲稱把社會或族群當成個體來思考，根本就是大錯特錯。

---

① 〔編注〕「群體選擇論」認為天擇作用於群體，而純利他群體的優勢會大於純利己群體。「親屬選擇論」則認為物種會傾向幫助跟自己親緣關係較近的個體，關鍵在於後代能留存多少自己的基因。

他們認為只有個別的動物或人類，以及他們的遺傳組成，可以視為受到演化影響的個體。

我認為這種看法太過死板。「怎樣才算是個體」是個沒有明確答案的哲學問題。我們以蟻群或珊瑚為例，對於牠們怎麼樣才算是「個體」，壓根就沒有一清二楚的答案。在許多情況下，把整個蟻群當成單一個體來研究，會比把蟻群視為個別螞蟻形成的團體來得更有研究價值。同樣的推論也適用於珊瑚，把牠們視為一個整體，比個別看待牠們來得適切。

事實上，你可以把一個人視為由他身體的個別細胞構成的群體，而這個方法也在醫學研究上愈來愈常被採用。科學期刊上有些文章利用賽局理論模型，分析生物體內細胞之間的競爭關係，成功解釋了諸如癌症增長等多種病理現象。

利他行為的成因與範例

利他行為是另一個更令人困惑，因此廣為社會科學家（包括經濟學家在內）以及生物學家研究的題目。親屬選擇模型可以解釋個體為什麼會為了手足或後代等親屬犧牲自己：由於親屬存活下來，實際上等於基因存活下來，因此只要家族成員的基因庫類似，這種利他行為就會跟著延續，散播到族群中。基因存活下來，相當於行為特徵也跟著留存下來。

但是真正的利他行為是個體幫助沒有血緣關係的他人，這

種現象又該如何解釋？幫助他人的道德準則，幾乎是放諸四海皆準，存在於所有文化與宗教中，就算受到幫助的他人並非家族成員亦然。然而，個體想要幫助他人、與他人休戚與共的心態又能為他們帶來什麼好處？光是幫助他人所帶來的心理滿足感，並不足以解釋這些行為，因為幫助他人之所以會感覺良好，是因為這有益於個體生存，就像我們愛吃甜巧克力，是因為糖分對於生存是必須的（如果分量適當的話）。但是在上述兩種情況中，滿足感都不是行為理由。

不只是人類，其他動物也有想要幫助其他個體的念頭（就算不是家族成員亦然）。前一章所述的「克魯格國家公園之戰」就是一個絕佳的真實範例。中東沙漠地區的原生鳥類阿拉伯鶇鶥，是另外一個範例：鶇鶥群具有非常複雜的社會結構，牠們吃睡都在「公社」裡，成鳥會共同撫養鳥群裡的幼鳥，幫忙孵蛋、覓食，為整群幼鳥提供防衛。每隻成鳥實際上是把牠投資在自己直屬後代的資源，大大地投資在鳥群上，這一切難道只是因為鶇鶥幫助同類時，心理上感到很滿足嗎？

親屬選擇模型以及群體選擇模型，都可以為出現這種幫助他人的行為特徵，提供演化上的解釋。人類跟鶇鶥幫助他人，會增加存活的機率，這對他／牠而言就是回報。利他行為在社會上，會促使他人以德報德。喜歡禮尚往來、助人為樂的社會，不容許有人老愛占別人便宜。那些欠缺幫助他人意願的個人，會被社會排斥，損及他們的生存機會，相反地那些願意付

出的人，則通常會得到他人支持。

　　有研究利用 fMRI，指出大腦對於社會排斥產生反應的部位，跟對於疾病以及重大危險威脅的反應部位一樣，兩者反應程度也不相上下。換句話說，社會排斥跟既有的生存威脅，都會使他們產生同樣的苦惱反應。

　　當然，人類社會跟鶹鶹群還是有所差異。鶹鶹若把所有精力都投注在哺育自己的幼鳥，牠就得不到其他鶹鶹的幫助，甚至有可能被鳥群趕出去。鶹鶹緊密合作的公社生活結構，使得牠們得以對於每個個體的行為，進行密切且有效的監督。

　　人類社會的集體性沒那麼強，個體性倒是強得多，因此人類比較難監督同胞的利他行為，鶹鶹卻可以輕輕鬆鬆地全面監督。這可能會減少人類從事利他付出行為時，所得到的好處。

　　有人嘗試要在人類社會中，創造出跟鶹鶹一樣的公社環境。比方說，美國在 1960 年代的嬉皮文化，這類社區就相當興盛；1990 年代以色列的基布茲（Kibbutz）集體社區，也會讓小朋友集中在一起睡覺。人類打造出來的公社，一般來說都禁不起時間考驗，這顯示鶹鶹類型的生活方式，並不符合人類天性。

　　椋鳥的行為是另一個鳥類利他行為的範例。椋鳥跟鶹鶹恰恰相反，牠們會小心翼翼地保護伴侶以及後代，並不關心其他椋鳥的幼鳥，對於任何情敵反應都很激烈。但是當椋鳥面臨外來威脅時，卻會展現出驚人的勇氣：倘若有獵捕者接近一群椋

鳥,第一隻發現獵捕者的椋鳥會放聲大叫,警告鳥群的其他成員。這麼做就個體自私的觀點來看,不但是浪費能量的行為,實際上還會引起獵捕者的注意,增加牠自身的危險。

缺陷原則

動物學家把椋鳥跟鶇鷯的利他行為分而論之。椋鳥的行為與生物學家阿莫茲‧扎哈維(Amotz Zahavi)首度提出的「缺陷原則」(handicap principle)有關。[1]缺陷原則認為動物(尤其是雄性)會讓自己暴露在不利條件,或是處於看似危險的處境,讓潛在配偶覺得牠們具有遺傳優勢,從而贏過競爭對手,有更多成功交配的機會。扎哈維起初用缺陷原則,解釋孔雀尾巴的演化發展:孔雀有非常漂亮的尾巴,但是那些尾巴非常重,在孔雀的天然棲息地裡沒有實質作用。事實上,那些尾巴相當累贅,甚至會造成生存劣勢。

發現孔雀尾巴實際上算是缺陷之後,動物學家自然就想問:為什麼演化沒有在很久以前,就讓這些尾巴消失?扎哈維對於這個問題的答案,既聰明又有原創性:他認為孔雀尾巴的優勢,恰恰就在於它是個缺陷。可不是每隻孔雀都有辦法負擔那麼長一條尾巴,只有最強壯、最健康、最聰明的孔雀,才有辦法在身上有這麼一條重重尾巴的限制下,還能夠輕鬆地移動自如。因此孔雀擁有一條長長的尾巴,反而成為了強壯、健

康、聰明的表徵，吸引那些尋找強壯、健康、聰明配偶的雌孔雀與牠們交配，然後把那些長尾基因傳給下一代，從而提升後代的生存機率。一隻擁有一條又長又重尾巴的孔雀，不但能夠跟好幾隻雌孔雀享有幸福美滿的性生活，同時還可以把這些能夠增加幼鳥存活率的基因傳下去，因此這種孔雀的雄性後代，當然也會有又長又重的尾巴。

我的同事亞爾·陶曼（Yair Tauman）在他的研究中運用缺陷原則，解釋為什麼高科技新創公司的創辦人經常在拿到學位之前輟學，即使有時候學位根本已經垂手可得。[2] 微軟創辦人比爾·蓋茲，以及臉書創辦人馬克·祖克柏，就雙雙從哈佛大學輟學，而他們只是兩個最顯著的例子而已。在陶曼的模型中，像他們這樣很清楚自身才能的人，會發現輟學有優勢，因為這會讓他們顯得「有缺陷」，對潛在的投資者傳達一個正面訊號：他們等於是在表明他們相信自己以及自身理念，程度足以讓他們願意放棄學位所能帶來的就業優勢。

缺陷原則也可以解釋椋鳥的利他行為。椋鳥不會昂首闊步，四處炫耀無用的尾巴，不過倒是會大聲鳴叫，幫助鳥群避開捕食者。椋鳥讓自己距離捕食者愈近，發出的警告聲愈大聲，就愈是顯示出牠具有良好的基因，因而增加牠給潛在配偶留下深刻印象的機會。

就這點而言，人類跟椋鳥並沒有什麼不同。我姪子羅伊幾年前志願參加一個入伍條件非常嚴格的精英軍事單位，他跟同

袍想要在台拉維夫找間俱樂部舉辦大型派對，慶祝自己完成該單位極為嚴苛的訓練課程。他們一間一間俱樂部去問價，想要談到一個能夠狂歡一晚的最棒價格，最後真的談到不錯的結果。城裡一間規模最大、最豪華的俱樂部，不但讓他們免費在店內辦派對，還送單位裡每位士兵一份大禮，唯一的條件是要他們同意讓民眾也可以付費參加這場派對。那間俱樂部當天晚上，光是入場費就大賺了一筆，數百位年輕女性跑來參加派對，希望能夠認識一位服務於精英軍事單位，勇敢強壯的年輕男人。這麼多年輕女性在場，自然也吸引了數量不亞於她們的年輕男性入場。

你可能會說椋鳥跟人類並不是在展現真正的利他行為，因為就像志願加入危險軍事單位的士兵一樣，他們十分清楚自己會得到什麼報酬，而真正的利他行為是不求回報的。事實上有些生物學家認為，純粹的利他行為在大自然中並不存在，也不可能存在，因為任何對於個體沒有好處的行為，只會使牠最終被天擇淘汰滅絕。那些不斷付出不求回報的極端型利他主義者（還真的有這種人），就演化觀點來說無法存活下來，因為他們會在危急之時去幫其他人，卻拒絕別人來幫他們。

然而在遺傳層面上，還是可以用演化來解釋，人們為什麼會在沒什麼遺傳異質性的社會團體裡，進行純粹的付出？在這種團體中，為另一位成員提供協助，跟幫助女兒或兄弟差不多，因此幫他們就像是幫自己，這實際上是在幫助自己的基因

生存散播。對於這種解釋能否適用於椋鳥的利他行為，研究者尚有歧見，不過對於螞蟻與蜜蜂這類早就失去個體繁殖能力，忠誠地服侍女王的社會性昆蟲，研究者倒是普遍用這套理論來解釋其行為。值得一提的是，人類的利他付出行為，在同文同種的社會中比較普遍。

文化同質性 vs 文化異質性

我在一年前受邀訪問挪威的奧斯陸大學。挪威政府投資大筆資金，進行一項綜合比較斯堪地那維亞經濟體系，與其他已開發國家盛行的自由市場導向經濟體系的相關研究。這項研究並非完全政治中立，我覺得挪威政府是想要對自己、對挪威公民，以及對全世界證明，斯堪地那維亞的平等主義經濟體系好處多多。

平心而論，任何造訪過挪威或瑞典的人，都很難指謫斯堪地那維亞模式。斯堪地那維亞國家的經濟強勁，所有公民都可以免費使用其完善的醫療與教育體系服務，根本沒有貧窮或犯罪情事。雖然斯堪地那維亞國家的稅率是全世界最高，然而幾乎沒有逃漏稅的現象。

不過倘若你問我的看法，我會說應該要研究的是，斯堪地那維亞這套體系之所以如此成功，是因為體系本身優秀，還是選擇這套體系民眾的關係。我認為要把斯堪地那維亞體系移植

到其他國家非常困難，因為以種族或文化來看，斯堪地那維亞國家的同質性，遠高於大多數西方國家。斯堪地那維亞國家在歷史上，是由有平等主義共享傳統的小型維京部落，隨著時間逐漸發展成為國家。

像是美國這種必須要應付種族與文化異質性的國家，很難採用斯堪地那維亞型態的經濟體系，因為這樣做需要大量的跨種族與跨文化付出。美國國家經濟研究局（National Bureau of Economic Research，NBER）最近進行一項美國近鄰社區慈善捐贈模式的相關研究，發現一個社區的種族若是相當多樣，社區慈善捐贈就會比較少——社區中的種族多樣性每增加 10％，社區慈善捐贈平均就會下降 14％。[3]

利他行為的三項演化理由

就遺傳層面來說，利他付出行為之所以會在族群內散播開來，有三個演化上的理由。第一個理由是嚇阻。一個完全沒有團結意識，也不想要幫助他人的人，會被社會互動排擠在外，從而付出非常高的個人代價。在早期的人類游牧狩獵採集社會，那樣的代價等於宣判死刑。想要成功狩獵，就需要一群獵人密切合作，因此在狩獵採集社會中，一個無法在狩獵時與他人合作或是拒絕分享的人，很快就會餓死，沒什麼機會能夠繁衍後代，因此這種行為特徵就會逐漸滅絕。第二個理由是缺陷

原則。有目共睹的付出行為，本身就能夠增加一個人繁衍的機會。第三個理由則是在一個具有遺傳同質性的環境中，為他人付出有助於繁衍利他行為者的基因。

群體選擇模型為利他行為在演化上為何得以生存，提供了合理、直接又單純的解釋。這個模型認為突變跟天擇是作用於群體層次，而不是作用於個體或基因層次。無法為互助行為賦予道德價值的團體，會比敵對族群更快滅絕。

想像一下兩個部落為了爭奪重要的天然資源打了一仗，其中一個部落在成員之間，維繫著強烈的互助道德準則，另一個部落卻認為每個人只要自掃門前雪就好，不難預測這場仗的結果是誰勝出。不過要知道的是，即使是在群體層次，利他原理也必須要有某種程度的調整，才能有益處。一個要求每個人在各種情況下，都必須為他人犧牲奉獻的部落，比起另一個對於利他行為要求沒那麼嚴苛的競爭部落，也會滅絕得更快。

凝聚群體的宗教力量：十誡

宗教會在人類歷史上具有那麼強大的力量，原因就在於它創造出一股嘉惠教徒群體的社會凝聚力。十誡就是一個絕佳範例，它確保了世界上人口相對算少的猶太人能夠生存下去，後來也確保了群體範圍更大的基督徒以及穆斯林得以生存。無怪乎十誡的內容被以宗教或社會戒律等形式，廣為世界各地採

用。

十誡的核心運作機制有三：（一）確保群體透過社會凝聚力得以存活；（二）鼓勵繁衍；（三）不鼓勵成員離開群體。

十誡的頭三誡，就是要確保這些道德準則，凌駕於其他準則之上。愈正視這些準則的群體，愈有可能會遵循這些準則，因而生存下來。接下來的七誡則是建立社會契約，禁止竊盜、通姦、謀殺等行為，並且在家庭成員以及鄰居之間，形成互惠關係。

這些戒律當中，有許多條對於社群福祉的重要性不證自明，不過有幾條需要進一步分析。例如，第四誡「當紀念安息日，守為聖日」便有重要的維繫群體作用。安息日是休息日，一個人在這天要把心思放在群體上面，而不是為自己打算，因此能夠維繫群體凝聚力。這條戒律明訂「他人」為「你的兒女、僕婢、牲畜，和你城市裡寄居的客旅」，並且鼓勵群體內的成員形成經濟關係，減低個人背棄群體、加入其他群體的風險。該群體的求職者也會找來自同群體的老闆，因為老闆自己要守安息日，便會讓員工在同一天守安息日。此外，員工也會發現他很難為一個不守安息日，認為他在安息日也該工作的老闆工作。這會在社群裡形成相互依賴，減低人們離開群體的機會。

第五誡「當孝敬父母」在十誡中很特別，因為它是唯一一條承諾遵從者會有獎勵的戒律──「你的日子便得以長久。」

這個跨世代契約創造出一個非常聰明的社會機制,使得人們有強烈的生小孩動機。

乍看之下,或許難以明白為何孝敬父母有助於群體生存,以及為何要對遵從這條戒律的人,提出誘人的長壽獎賞。年邁的父母親在生育能力消退之後,需要兒女的孝敬以及協助,但是從純粹的演化觀點來看,無論是出於自身基因的延續,抑或為了群體生存考量,你也許應該把時間精力完全投注在子女而非父母身上。你甚至可能會想要不管父母,讓他們自生自滅,畢竟這對於群體更有助益,因為年邁的父母會消耗寶貴而有限的資源,但卻對群體幾乎沒有貢獻——他們既無法保護既存的世代,也無法創造出新的下一代。

但是這其實是錯誤的思維方式。一個容許敵視甚至漠視年邁父母的道德準則,會遏制人們生小孩的欲望,進而威脅群體的存亡。如此看來,「你的日子便得以長久」這個獎賞的真正意義,幾乎就不辯自明:孝敬你的父母親,那麼等到你年邁時,你的小孩也會孝敬你。這個跨世代契約跟退休金計畫有驚人的相似之處。當我們敦促成年子女要去探望爺爺奶奶,問候他們日子過得如何時,我們是下意識地在提醒他們,這個跨世代契約也適用於我們自己身上。總而言之,第五誡不但是要確保父母親會受到照顧,也提供人們生小孩的動機,不然群體就無法繼續生存下去。

凝聚群體的猶太飲食規定

除了十誡，《聖經》跟猶太法典《塔木德》中還有許多規則與規範，旨在維繫群體凝聚力以及穩定性。這對於散居於各地，沒有自己的國土，有許多動機想要離開群體，並融入當地主流文化的猶太人來說，尤其需要這些規範加以約束。

「潔食」（kosher）就是一個很有意思的例子。許多人認為潔食的規定，單純只是要保護人們不要吃到不衛生的食物，但是它們真正的目的，是要維繫群體凝聚力。在每個文化、每個時代，用餐都被視為群體中的重要社會活動。潔食規定大大限縮了猶太人跟非猶太人一起用餐的機會，因此也局限了猶太人與非猶太人的社會互動，這麼一來就大為減低人們接觸到外人之後，想要離開群體的機會。若是全然禁止猶太人與非猶太人一起用餐，可能會造成不必要的敵對情緒。因此，建構出一套複雜又看似武斷，限制人只可以吃哪些食物的規則，就可以用比較幽微的方式，局限人們彼此接觸的機會。

促進社會變遷的突變

上述分析的依據是群體選擇演化模型。不過每個演化模型除了選擇以外，也需要把突變納入考量，即使是那些在群體層次運作，而非對個體發生作用的演化模型也不例外。突變在群

體選擇模型中所扮演的角色，就是要確保群體不會永遠死守其規範與行為。

這在不斷變遷的環境中尤其重要。能夠容忍少數族群、民眾抗議、古怪行為、自由表達意見的自由社會，能夠讓變異產生正面的貢獻，促使群體適應環境變化。人類史上許多最重要的社會變遷，就是起源於有別於社會規範的異常行為。相反地，那些嚴酷鎮壓任何改變意圖的基本教義派社會，它們不讓社會變革發揮作用，也因此喪失了隨著環境變遷而調整其規範與價值的能力，大幅減低了在社會遺傳競爭中的生存機會。

12
洞悉動機背後的邏輯

施比受更有福？倘若付出本身就是一種報酬，拿取有時候也
可以是一種施惠。

近年來有研究試著了解人在進行利他行為，卻沒有收到任
何回報時的心理歷程（mental process）。我的兩位朋友——經
濟學家葛尼奇以及艾多・魯斯提齊尼（Aldo Rustichini），做
出了這個領域裡最有意思的研究之一。[1]

葛尼奇以及魯斯提齊尼著手測試一個廣為接受的經濟學假
設：物質利益總是能夠增加人們承擔工作的意願。這個假設有
另一個較無說服力的版本：物質利益絕對不會降低人們承擔工
作的意願。他們為了測試這個假設，進行田野實驗。田野實驗
跟實驗室實驗不同之處，在於田野實驗是在一般環境下進行，
受測者照常過日子，許多時候甚至沒有告知他們正在參與實
驗。田野實驗的好處是，實驗結果通常被認為比實驗室實驗更
有決定性，但是相對地實驗者對於環境的掌控，則遠遠不如實

驗室實驗，許多時候實驗人員可能對於受測者與環境之間的關係一無所知。以下我會舉出葛尼奇以及魯斯提齊尼所做的兩個實驗。

實驗一：損及行為動機的金錢獎勵

在第一個實驗中，葛尼奇以及魯斯提齊尼追蹤一群小朋友的活動。他們參與義務性高中計畫，挨家挨戶為弱勢年輕人募款。這群小朋友被分成兩組，A 組是控制組，小朋友被告知他們募得的款項，會像平常一樣全數歸入中央慈善基金，分配給需要的單位。B 組的小朋友則被告知，他們每個人都會拿到募得款項的 20％，以補償他們投入的時間與精力。這兩組小朋友同時出發，同時回來。

實驗結果雖然令人驚訝，但也很符合邏輯。有提供金錢補償的小朋友，平均募得的款項金額，明顯少於控制組的小朋友。提供金錢誘因反而降低了人們的工作意願，這跟一般的假設恰恰相反。

我們許多人可能都正確地猜中了這個實驗結果。然而，這個實驗並非要揭示小朋友的行為模式，而是顯露我們對於精神補償以及物質補償之間關係的直覺。一旦 B 組小朋友被告知他們的努力會有金錢回報，他們做好事時能得到的滿足感，就受到了無可挽回的損傷——這件事現在不是行善，而是一份有

給薪的工作，而就一份工作而言，這薪水相較於付出的精力，實在是有夠低的。倘若一開始就把這事當成一份工作介紹給這群小朋友，他們可能會把這工作跟薪水都打槍。但既然他們沒有選擇，不得不做，所以他們就只是有一搭沒一搭地去做，導致結果慘不忍睹。

我朋友、行為經濟學教授丹‧艾瑞利曾經用下列比喻，描述 B 組小朋友的處境：你邀請了一對夫婦朋友來家裡吃晚餐，在開開心心度過一晚之後，你們握手擁抱，互道晚安，結果在他們正要離開時，太太提醒了一下先生，然後先生掏出皮夾，轉身問你：「我差點忘了，我們應該要為這頓超棒的晚餐付多少錢？」

實驗二：令人更自私的金錢懲罰

就如同金錢獎勵可能會損及利他行為的精神動機一樣，對自私行為施以金錢懲罰，實際上也可能會減少我們原本會感受到的精神懲罰，因此讓我們的行為更自私。那正是葛尼奇以及魯斯提齊尼的第二個實驗主題，他們要求海法市的日托中心，追蹤家長每個月接小孩遲到的次數。他們依此建立起基準資料之後，就建議日托中心對遲到家長罰款，為期 1 個月，觀察罰款對家長行為有何影響。罰款是加總整個月的遲到次數以及遲到時間長短後，決定一個合理的金額。

第二項實驗的結果，跟第一項實驗一致：繳罰款非但沒有減少遲到現象，實際上還適得其反。既然現在過了日托中心關門時間沒接小孩，遲到的時間要付罰款，家長就會把遲到的時間視為「付費保姆服務」，讓他們免於感受到先前遲到時，會產生的不自在與愧疚感。

　　葛尼奇以及魯斯提齊尼的實驗所得到的見解，對於了解組織與私人企業行為非常重要，然而我們卻鮮少運用這些原理，激發出有效的動機。在諸如朋友關係之類的個人層面，我們通常很強調要記得他人施予的恩惠（可能是金錢，也可能是其他形式），每個人都想要盡快回報對方，不想欠對方人情。在大多數情況下，這並非出於人們純然想要付出，實際上恰恰相反，這是一種自私的特徵：由於社會普遍認為應該要投桃報李，因此受惠於人的人，會想要盡快把「人情債」還清，即使這樣做會讓施惠者覺得付出得不到滿足感也在所不惜。不過倘若施惠者與受惠者雙方，都有意識地把彼此的需求納入考量，那麼親友之間施惠與受惠的情況，通常就會變得順理成章許多，關係也會比較穩定。

樂於給予，樂於拿取

　　我小時候家裡會定期在假日時，於耶路撒冷的外婆家聚餐。我母親的七個兄弟姊妹，也會攜家帶眷來參加。擺在中間

的那道菜，永遠是傳統的猶太燉菜——馬鈴薯豆子燉肉。包括我媽在內，每一位阿姨都會事先準備一道馬鈴薯豆子燉肉配料帶去，然後把所有配料放進大鍋裡烹煮，燉好了再分給聚在我外婆單房公寓裡的 40 多人。

每一位阿姨都有準備雙份配料的習慣，因此當我們每個人都吃飽喝足時，往往還會剩下一半的馬鈴薯豆子燉肉，接下來她們就會開始爭執該怎麼分剩菜。一開始每個阿姨都會滔滔不絕，解釋為什麼她連一丁點都不能帶回家，比方說她在減肥啦，家裡冰箱沒空間啦，理由一大堆。這時候最常聽到的話就是：「要是給我帶回去，最後都會變成廚餘啦！」

接著進入認真談判的第二階段。「瑪蒂達，妳這樣真的很差勁耶！我上次把整鍋剩菜都打包帶回去了。妳這次要是不帶一點回去，我就不跟妳說話了。」到了第三階段，她們總算達成協議：「好啦好啦，如果妳把米跟豆子帶走，那我就把這些帶回去。」

我們都很愛馬鈴薯豆子燉肉，每一口都很好吃。但是吃馬鈴薯豆子燉肉的樂趣，遠遠比不上付出所帶來的滿足感。我們想要付出的程度，足以讓我們為此爭論不休。有時候爭論會持續好幾個星期，每個阿姨都會牢牢記住誰去年拒絕把某道剩菜帶回家。

有一次這場分剩菜的儀式，按照平常的起手式開場：「我就是什麼都不能帶回去啦！」但是瑞秋阿姨卻低調地沒有攪和

進來，瑪蒂達阿姨立刻就發現了這點，反應很迅速地試著利用這異乎尋常的情形。「來！妳一定要帶一點回去。」她邊說邊把兩袋滿滿的剩菜塞到瑞秋阿姨手上。瑞秋阿姨抓著兩袋剩菜，只說了句：「好極了，真的很謝謝妳！」

屋裡突然瀰漫著一股令人震驚的沉默。我們全都望向瑞秋阿姨，懷疑她是不是腦子壞了。迪娜阿姨挪移到我媽身邊，擔心地悄悄跟她說，搞不好是摩希叔叔（瑞秋阿姨的老公）的木工店裡碰上了什麼財務困難，才需要這樣能省一分錢是一分！

摩希叔叔跟在場每個人打包票，說他的木工店生意從來沒這麼好過，家裡的財務狀況也穩得很，多謝關心之後，那些阿姨才逐漸理解到，其實是瑞秋阿姨要幫瑪蒂達阿姨的忙，才答應把剩菜帶回家。這段插曲完全改變了分剩菜這件事，雖然每次聚餐完畢還是有半鍋菜要分，但是分菜過程從此變得平和跟公平許多，每位阿姨不但樂於給予，有時候也樂於拿取。

這個分剩菜的故事重點在於，倘若付出本身就是一種報酬，那麼拿取有時候也可以是一種施惠。倘若阿姨們單純就經濟利益來算計的話，她們應該會樂於盡量多帶一些燉肉回去，甚至為了最後一點剩湯爭個沒完。瑞秋阿姨採用一種細膩的情緒式方法，把整個問題翻轉過來，讓問題得以圓滿解決。

Ⅲ　　論愛情與浪漫

求愛、愛情、浪漫、調情，這些事扮演什麼樣的角色？
愛與性無疑是最重要的情緒現象，直接攸關我們的基因能否存續。

13
製造信任的愛的荷爾蒙

體內荷爾蒙的平衡與否，甚至會影響嚴謹的認知能力。所有
的思維就某種程度來說，都有情緒性的成分在內。

催產素是一種哺乳女性以及她們哺乳的嬰兒，都會分泌的
荷爾蒙。針對靈長類研究發現，催產素會使得母親與剛出生的
孩子之間產生羈絆，讓她們得以形成更深的關係。催產素也會
在兩性達到性高潮時釋放出來，因此又稱為「愛的荷爾蒙」。
催產素是一種很棒的演化機制，能夠提升新生兒的生存機率，
讓基因得以代代相傳。

我們許多人在自己有小孩之前，都很驚訝新手媽媽在筋疲
力竭的懷胎 9 個月過後，哪來的精力繼續照顧新生兒。她們能
夠在辛苦又耗力的生產過程之後短短不過幾秒，在根本還沒機
會跟小孩產生情感羈絆時，就又精力充沛地開始照顧起小孩
子。

這是因為包括人類在內等靈長類的演化發展，讓雌性產生

一種能夠使得母子之間，形成完全出於直覺羈絆的荷爾蒙。催產素甚至能夠讓剛誕生不過幾分鐘的嬰兒，就了解到尋找母親胸脯有多麼重要，嬰兒生來就有吸吮母奶的直覺。

催產素與疾病

催產素還跟兩種已知的發展病症有關。在自閉症譜系障礙患者身上，經常出現催產素分泌不均衡，尤其是腦部催產素不足的情形。這會使得他們難以對他人展現同理心，無法了解所處的社會情境，也無法信任身邊的人。

另一種相反的病症，是極為罕見的神經病症，名為威廉氏症候群（William's syndrome）。這種病症有各種生理與精神症狀，諸如心臟疾病、消化道疾病、高血壓等等。威廉氏症候群患者的智商通常只有 60 到 90，但卻擁有高超的社交技巧，不但富有同理心，辨識他人情緒的能力也遠比一般人類優秀，同時又願意幾近盲目地信任他人，就算是全然的陌生人也不例外。罹患威廉氏症候群的小朋友，會對身邊的每個人都表達愛意，對於他人有強烈的信任感，亟欲取悅他人，使得他們很容易成為戀童癖的性侵對象。神經學家指出催產素濃度過高，可能是導致威廉氏症候群患者種種異常社會行為的部分原因。

既然催產素對於母親與嬰兒間的羈絆扮演了重要角色，也影響了社交能力發展病症，因此能合理推測，它同樣會影響健

康成人的社會行為。

製造信任的祕密武器

催產素是一種溫和的荷爾蒙，如果只攝入少許劑量，對身體無害（通常會以類似治療感冒症狀的那種鼻用滴劑滴入）。來自蘇黎世的實驗人員，讓兩組受測者進行信任賽局：實驗組在進行賽局之前服用一劑催產素，控制組則服用除了活性成分之外，所有成分都跟實驗組無異的安慰劑。實驗結果非常明確：服用催產素的那一組，合作的情況遠高於另一組。合作展現在雙方面：提議者的提議金額更高（他們比控制組更加信任對方），接受者回贈給提議者的金額比例也更高（他們比控制組更為慷慨）。

為了排除催產素只是讓受測者在實驗中覺得比較放鬆，因此間接使得他們更易於合作的可能性，實驗者改用葡萄酒取代催產素來讓受測者放鬆，並再做了一次實驗。葡萄酒確實有使受測者更放鬆，但是並沒有影響他們展現出來的信任或慷慨程度。

催產素的負面效應

儘管催產素如此神奇，它也有些負面效應。我最近跟兩位

學生哈特跟史羅莫‧伊斯拉（Shlomo Yisrael）進行的實驗顯示，催產素會減損我們辨識他人意圖的能力。[1] 我們在實驗中利用第 3 章提過的電視節目單元「平分或全拿」，讓受測者觀看比賽影片，然後要他們根據參賽者在做選擇之前的短暫對話，猜測他們會採取什麼行動。我們給實驗組的受測者施打催產素，控制組的受測者則施打安慰劑，他們無從辨別被施打了什麼藥劑，然而被施打催產素的受測者，猜測「平分或全拿」參賽者選擇的能力，遠遜於控制組。我們比較兩組受測者的反應時間，發現施打催產素的受測者，總是很快就做出猜測，花在猜測上的精力明顯少於控制組。催產素會造成這種結果的道理顯而易見：當我們懷疑他人時，就會投注大量精力辨識他們的意圖。既然催產素會讓人放下懷疑，促進信任，就會使我們變得更容易被他人玩弄於股掌之間。

　　催產素的作用無論是好是壞，都會使得這種荷爾蒙有淪為操縱他人工具的危險。有一種現在已經可以買到，叫做「信賴液」（Liquid Trust）的噴劑，其活性成分就是催產素。販賣「信賴液」的網站，把這當成可以影響買家決定的化學藥劑來促銷，說凡是業務員、求歡的單身男女、想要影響工作環境的經理，以及尋求迅速升職的員工，都很適合使用這項產品，廣告還承諾「世界就在你指尖」。由於這種荷爾蒙嘗起來跟聞起來都沒有味道，直接噴在空氣中時根本無從偵測，因此要怎麼立法禁用，還是個大問題。

感覺與思維

　　我們可以樂觀看待迄今進行過的催產素實驗結果，著重於它可以提升人們的合作機會，藉此促進許多經濟與社會互動，但總有隱憂之處。想像一下兩國談判代表正在針對政治異議進行協商，他們出於己意而非外在壓力，決定使用催產素改善談判氣氛，增進彼此的信任感，然後談判還真的因為使用催產素的關係（但不純粹是因為如此），達成令人滿意的協議。民眾是否會認可這種協議的正當性？我是挺懷疑的。雙方反對這項協議的人，都會說談判人員被下了藥，做出了在完全清醒時，絕對不會考慮的讓步妥協，而他們這樣說還真有幾分道理。

　　即使不管這麼假想性的情境，催產素也足以說明一個人的感覺與思維之間的關聯性。這可以提醒我們，體內荷爾蒙的平衡與否，甚至會影響到嚴謹的認知能力，因此所有的思維就某種程度來說，都有情緒性的成分在內。

14
從演化天性掌握男女差異

演化之力早在數萬年前，就已經造成這些差異。這些微小的
性別差異，可能會隨著時間變得更顯著，而非消逝無蹤。

　　愛與性無疑是最重要的情緒現象，直接攸關我們的基因能
否存續。無怪乎康納曼等人的研究中，有將近 80% 受訪者表
示性與愛是他們生活中，能否感到快樂的最關鍵因素。[1] 本書
裡討論到的其他理性情緒，之所以對演化生存很重要，是因為
它們可增進我們適應環境的能力，提高我們個人的生存機會，
然而愛與性卻能讓我們繁衍養育後代，直接讓我們的基因得以
存續。

　　對於大多數動物來說，愛並非繁衍的必須機制，只要有性
關係就夠了。這一般會涉及短暫的性行為（通常跟每個性伴侶
只會交配一次），而雄性幾乎不會負起照顧後代的任何責任。

　　我們許多人可能也認識一些符合以上敘述的人類，他們對
待性關係的態度，跟動物沒什麼兩樣。不過大多數人類展現出

來的性行為模式不太一樣：婚姻這個幾乎是舉世皆然的文化現象，就強力展現了人類對於愛與性的典型態度。人類在性方面之所以跟大多數動物有異，便是因為養育人類小孩是個既漫長又複雜的過程，光靠一位家長不太夠。

人類要耐心等上整整一年以上，出生的嬰兒才能學會如何走路。相較之下，新生瞪羚在出生兩天內，就可以站起來走路了，小馬更是在出生半天之內，就能夠踏出第一步。

瞪羚跟馬的預期壽命比人類短，但還是可以活到 30 歲左右。然而，要把人類小孩養到能夠完全獨立，毋須成人看顧的程度，大約需要現代人類預期壽命 20% 的時間──這還是最近這兩百年的情況，在那之前甚至要占人類預期壽命的30%。相較於預期壽命，根本沒有其他動物的未成年期占了這麼長的時間。

從演化觀點來看，除非後代也擁有自己的後代，不然根本沒有擁有後代的道理。小孩只有在獨立成年之後，才能對父母的基因存續有所貢獻。倘若幼年期相對於單一家長的壽命來說夠短，養育所需的資源也相對較少，母親們就能合理地單憑一己之力照顧後代。幼年期拖得愈長，養育小孩所需投入的資源愈多，就愈需要父親共同負擔養育小孩的工作。後代若能成功長大成人，也有利於父親的基因存續。

我們在先前的章節中，探討過社會情緒對於建立承諾所扮演的角色，比方說憤怒可讓我們做出有可信度的威脅。相反

地，愛可讓我們對伴侶做出可信的利他行為承諾，這是父母親照顧後代的先決條件。從雄性觀點來看，伴侶之愛所產生的承諾，提高了他幫忙養育的小孩確為己出、承載了與他相似基因的機會，而不是他的伴侶跟別的男人生的野種。建構在穩固的一夫一妻關係上的愛與社會結構，是人類為了成功養育後代，投注大量精力的結果。

人類父母可以同時照顧不同孕期誕生的小孩。其他動物就沒有這種現象，牠們的後代在母親再度繁衍後代之前，就會離母巢而去。我的同事莫蒂・佩里（Motty Perry）與人合著了一篇很優秀的論文，他利用賽局理論指出，這個現象促成了我們所熟悉的人類家庭結構，以及夫妻對彼此展現的承諾。[2] 若是缺少這些承諾，男人永遠無法確定他們辛辛苦苦掙來給伴侶的食物，是否會拿去養育他們的小孩，還是會拿去養育伴侶上次懷孕時，跟其他男人所生的小孩。

演化策略

人類的幼年期特別長，是因為人類小孩除了經歷所有動物在幼年時，都會經歷的生理與認知成長以外，還需要學習複雜的社會技能。除了倉鼠跟狐狸這兩個值得一提的特例之外，很少有動物會跟單一伴侶形成長期穩定的結合關係，絕大多數動物都是隨意進行性行為，過著我們人類稱之為「色氣沖天」的

性生活，牠們性交的唯一目的就是要繁衍。這些物種的性是建構在雄性間既猛烈甚至暴力的「精子競爭」：雌性對於雄性的求歡行為挑三揀四，只有被視為最適合生存的雄性，才能夠成功與雌性交配。

各物種雄性間的精子競爭的具體特點，隨著演化發展各有千秋。比方說雄蜂，在其短短的一生中，競爭只延續約 10 分鐘，當處女蜂后準備好交配時，牠會進入一種精力充沛的舞蹈狀態，吸引一大群雄蜂，而只有最強壯、飛得最快的雄蜂，能夠成功跨上體型較大的蜂后，將精子注射到牠體內。雄蜂過沒多久就會死去，蜂后則會把牠們的精子儲存在體內，以便在餘生當中用來給牠製造的數百萬個卵子受精。

雄鼠的精子競爭，相較之下就沒那麼有意思，主要表現在交配行為結束之後。雄鼠在把精子送進雌鼠體內之後，會分泌一種黏性物質，那基本上會把雌鼠的生殖道封起來，不讓其他雄鼠成功跟牠交配，直到精子在雌鼠體內完全被吸收為止。這個讓人想起中古世紀的騎士在上戰場前，給妻子戴上貞操帶的策略——那不但可提高雄性成功讓交配雌性受孕的機會，也因為他更能夠確定誰是他的種，而更有動機照顧她的後代。

各物種的精子競爭策略各有千秋，但那只是確保 DNA 存續的兩種演化策略之一。另一種策略叫做「行銷策略」，用來提高個別雄性在雌性眼中的吸引力。想想孔雀的尾巴，以及其他可以用缺陷原則解釋的特色與行為，你就懂得什麼是行銷策

略了。

不對稱的男女生理差異

由於兩性在生殖方面的生理差異，而演化出不同的情緒與性行為。男女生殖系統的不對稱現象（reproductive asymmetry）表現在三大方面：

1. 女人一輩子能夠擁有的小孩數目，遠遠低於 100（史上記載生最多小孩的女性，是一位 18 世紀的俄羅斯鄉下女性，她懷孕 73 次，生下 64 個小孩）。相較之下，男人理論上可以當 10 萬個小孩的爸。女人終其一生，只要跟一個男人交配，就可以達到生育能力的上限，然而男人卻需要大約 1,000 名女人，才能達到生育能力的上限。

2. 女人完全能夠確定誰是她的親生小孩，因為小孩是由她的子宮孕育而生。男人卻永遠無法確定他配偶生的小孩，是否真的是他親生的。

3. 在生育過程中，由於母親得要懷胎 9 個月，因此所投注的資源遠高於父親。

除了這三點差異之外，男女還有一個生理差異：平均來說，男性的肌肉比女性更為發達。

迷思真偽之辨

為了理解這些生理差異，如何造成男女之間不同的情緒反應及性行為，我接下來會詳加分析幾個廣為流傳的老生常談。要知道早在當代女性主義革命之前，演化之力就已經形塑出兩性之間的歧異，這些歧異早在人類產生文明之前就已經存在——那是人類為了生存而日日掙扎，且小孩若是沒有父母親密切照顧，幾乎肯定絕無活路的環境下，造就出來的差異性。

我們會在本章結尾時，稍加討論為何在現代世界，兩性因演化而致的情緒及性行為差異仍然無甚改變。

老生常談 1：男人遠比女人更容易接受毋須情感承諾的一夜情。

事實：一個男人理論上能夠擁有的小孩數目，是任何一個女人能夠生下的小孩數目的 1,000 倍。然而實際上，男人跟女人平均來說，擁有同樣數目的小孩，原因很簡單：每個小孩都剛好有兩位親生父母。這就意味著男人永遠都在跟別的男人競爭生小孩，從這點來看，一個男人若對某位伴侶做出長期承諾，會使他的基因存續機會減低，因為這把他所能擁有的小孩數目，局限在伴侶能夠幫他生下的小孩數目上限。相反地，女人只需要一個男人，就能夠達到她們的生育上限，擁有多重性伴侶並無益處。

老生常談 2：女人比男人更需要表達愛。

事實：如上所述，一個女人跟沒有任何情感承諾的多位性伴侶發生性關係，對於她能夠擁有多少小孩沒有影響。然而，這卻會減低小孩的生存機會，因為她沒有對她以及小孩做出情感承諾的伴侶，因此這些小孩的父親們，不太可能會負起養育小孩的責任。若由她獨自撫養小孩，這些小孩所能得到的保護以及食物量，很有可能會比有父親幫忙養育時還少。一般來說，女人生育所需的資源比男人更多，因為女人每 9 個月只能生一個小孩，在懷孕期間以及生產時，必須投入大量能量。因此女人在交配時必須比男人挑剔很多，也必須確定伴侶會致力於照顧她們以及小孩。

老生常談 3：女人比男人更擔心孩子的健康與幸福，而男人則比女人更憂心自己的健康狀況出現警訊。

事實：「擔心受怕的母親」的刻板印象，在許多文化中都看得到，而這是有原因的。由於女人能夠擁有的小孩數目比男人少，她們必須比男人投入更多資源，保護已經擁有的小孩，這就是「擔心受怕的母親」的刻板印象之演化源頭。當一個女人的所有小孩都已成年，她也過了生育年齡（通常是 50 幾歲），她要確保基因得以存續的任務就結束了。然而這個年紀的男人仍然可以繼續播種，讓他的基因得以存續，只有死亡或生病才能限制他為人父的能力。換句話說，就基因存續的觀點

來看，一旦過了 50 歲，只有男人才「輸不起」，這也許就是男性到了中老年，會有疑病症（hypochondria）[①]的原因。

老生常談 4：女人比男人更容易忌妒或懷疑伴侶。

事實：這幾乎不可能取得實證資料，用演化論也無法解釋這種現象。兩性都很有理由忌妒：男人必須確定伴侶所生、他投入精力照顧的小孩，確實是他親生的，而女人則必須確定她的伴侶不會棄她而去，跑去投入其他女人的懷抱，讓她的小孩失去他的保護與支持。

不過這些忌妒的演化源頭男女有別，而這也使得他們的忌妒行為有所差異。包括心理學家莫妮卡・惠蒂（Monica T. Whitty）以及蘿拉・李・奎格莉（Laura Lee Quigley）所做的研究在內，有好幾項研究發現伴侶肉體出軌會對男性造成嚴重的感情傷害，女人則是亟欲讓伴侶在精神上保持忠貞。[3] 有意思的是，男女對於不貞所產生的情緒反應差異，也會表現在他們自己出軌時。跟伴侶以外的男人精神出軌但沒有肉體出軌的女人，比起肉體出軌但沒有精神出軌的女人，更容易受到罪惡感的煎熬。相反地，男人在跟伴侶以外的女人發生性關係時，會比產生情緒羈絆更覺得有罪惡感。這可能會使得許多夫妻即使都認同某些事實，但是對於伴侶是否在欺騙他們，或是伴侶

[①] 〔編注〕疑病症指患者經常擔憂自己罹患嚴重、致命的疾病，即使經過適當檢查、醫生也已排除罹病可能，患者仍無法消除疑慮，導致長期焦慮。

忌妒有無道理，會產生不同的認知。

老生常談 5：男人比女人更有可能出軌。

事實：美國在幾年前有一項頗有意思的研究，其針對新生兒進行 DNA 檢測，發現有 5% 到 10% 的新生兒，並不是名列父親的男人所親生的。[4] 那些男人大多數完全被蒙在鼓裡，不知道自己在撫養別的男人生的小孩。不過這項統計數據無法回答，是男人還是女人比較會欺騙伴侶。男人比女人需要更多性伴侶，才能達到最大生育潛能的事實，可能會讓男人更容易一有機會就想騙人，但這並不一定會化為實際的欺騙行為。

想像一下把某個城鎮裡的所有男人，按照對女人的吸引力，從最有吸引力的到最不修邊幅的依序列出。雖然明顯不符實際，不過為了這個思想實驗方便起見，我們假設所有女人對於這些男人的吸引力，都具有同樣的偏好，再假設在這個虛擬城鎮中，每個男人都娶一個女人，每個女人也只嫁給一個男人。

現在你可以問問自己，哪些男人跟好幾個女人發生婚外情的機會最大——顯然是那些在吸引力排行榜裡名列前茅的男人，他們可以為大多數女人，提供一個比她們所嫁男人「更優」的交配機會。女人擁有的性伴侶數量增加，並無法增加她們能夠生下的小孩數目。不過倘若她們跟比配偶更有吸引力的男人有婚外情，倒是可以因此獲得改善小孩基因的機會。一個

只是比她先生稍微有魅力一點的男人，不太可能誘使她紅杏出牆，不過如果對象是李奧納多·狄卡皮歐的話，那就另當別論了。相反地，男人以量取勝的好處比較多，因此他們對於婚外情的對象，比較不會挑三揀四，用不著是超級名模也能讓他們想要偷情。

那麼有多少比例的男人，能夠實現他們擁有婚外情的夢想？答案取決於兩個變數：一個是女人評給身邊男人的吸引力「分數」的分布情形；另一個則是女人對先生保持忠貞時，能夠得到多少好處。

比方說鎮上最有吸引力的男人，得分是完美的 10 分，其他的男人全都只有 5 分，再假設女人對先生保持忠貞的好處很少（這是富裕社會的情況，女人並不用依賴男人的資源來養育小孩）。在這個案例中，「偷情市場」的情況非常單純：除了得分最高的那個男人以外，幾乎所有的男人都會對太太忠貞不二，但是除了那個得分最高男人的太太以外，所有的女人都會偷情，而偷情對象全都是同一個──得分最高的那個男人。在這種情況下，儘管男人擁有多位性伴侶顯然好處不少，但卻是女人在忙著紅杏出牆。這個看似矛盾的情況，是案例中的市場供需力量決定的：所有的男人都想要偷情，但只有一個男人實際上能偷情。除了一個女人之外，其他所有女人都在紅杏出牆，而她們全都是跟鎮上最有吸引力的男人偷情。

當然，這個範例太極端，但也可以概括論之：在男人吸引

力排行榜上，只要有遠比鄰近競爭者更受歡迎的少數「明星」，偷情的女人就會比男人更多。這或許多多少少地描述了富裕、自由、維繫傳統家庭結構的經濟關係相對較弱的現代社會的真實情況。在傳統的宗教性社會中，偷情的人要付出相當沉重的代價。女人受到的懲罰通常比男人重，從被社會排斥到處死都有，這大大減低了偷情的動機。

老生常談 6：男人比女人更有競爭力。

事實：耶路撒冷希伯來大學在 2003 年進行了廣泛調查，研究校內從學生到正教授等各階層的男女比例，得到的資料相當有意思。該大學獲得學士學位的學生裡，女性占 61％，碩士生的女性比例更高達 62.5％。然而，能夠拿到博士學位的女性比例就落入少數了，僅占 46％，教職員的女性比例更是低到只有 33％。最後是該校教職員位階最高的正教授，女性比例低得可憐，竟然只有 11％。熟悉教職員組成的人應該不會對這些數據感到意外，但這確實引發了熱烈討論：為什麼學術圈裡的女性比例，會按學術等級逐級驟減？

哈佛大學幾年前也有過類似的討論，當時的校長勞倫斯・薩默斯（Lawrence Summers）在對這個主題發表評論後，飽受抨擊而去職——薩默斯認為科學界女性教職員較少的原因，在於女性與男性的競爭力有差異。相較之下，希伯來大學的討論沒有引起這麼大的風波。從完成學士與碩士學位的男女比例，

以及女性在學業上得到的分數等等資料，毫無疑問地顯示女性在智識上，一點也不會輸給她們的男性同學。那麼為什麼女性在學術圈裡往上爬的時候，卻一直被刷下來？

有些人歸咎於女性身負養育小孩的重擔，卻沒有日托中心可以托嬰，以及教職員在大學裡想升等得要克服種種困難——這些對於新生兒母親來說都是一大劣勢。有些人則指控大學校方有意無意地歧視女性，認為男性在全都是男性的工作環境中，會感覺到比較自在。

怪罪企業與機構裡的某人或某項政策，認為他們要為失衡的性別比例負責很容易，不過就我看來這是徒勞無益的做法，會讓人們產生錯誤的印象，以為只要積極推動平權措施，就可以立刻收到改弦更張之效。這樣做很沒有效益的原因在於，這只處理了高層職位供給面的問題，並未解決需求面的問題。

研究一：男女解迷宮實驗

行為經濟學家近年來進行過好幾項研究，讓我們對於這個主題有更深刻的了解。其中一項由經濟學家葛尼奇以及魯斯提齊尼發表的研究指出，男女在競爭情況下的行為有所差異。[5]研究者讓男女受測者在電腦上解迷宮，成功的就給獎金。在研究的第一階段，受測者每次成功走出迷宮，都會收到一筆金額固定的獎金。這個階段沒有明顯的性別差異，男女受測者的解迷宮成功率一樣高。

到了第二階段，獎金規則就有所變化，不再是每次成功走出迷宮都給一筆固定獎金，而是根據競賽結果頒發——換句話說，現在受測者會跟其他人排名比較，收到的獎金會根據排名而定。每位受測者現在收到的獎金，不僅是看個人表現，還得看其他人的表現而定。在這個階段，男性的表現明顯就比女性來得好。不僅如此，女性在這項研究的非競爭性階段，表現得比競爭性階段好，成功走出的迷宮數比較多。

女性在競爭性階段為何表現較差，原因還不清楚。有一種可能的解釋是，當獎金是根據競賽結果時，她們比較沒動機努力解迷宮。另一種解釋是，第二階段的競爭性環境所造成的壓力，會影響到女性解迷宮的能力。葛尼奇以及魯斯提齊尼的結論是，男性在競爭情境下，表現得比女性好。

研究二：男女加總數字實驗

另外一對研究者，史丹佛大學的經濟學教授妙麗兒‧妮德勒（Muriel Niederle）以及匹茲堡大學的經濟學教授莉瑟‧維絲特倫德（Lise Vesterlund），也針對競爭性情境下的性別差異進行研究。[6] 她們付錢給研究的受測者，要他們進行需要用到認知能力的任務——加總 5 個兩位數數字。不過這回受測者可以選擇，是要僅根據他們的個人表現，拿取固定金額的獎金，還是根據他們與其他人競爭的表現，決定獎金多寡。高達73％ 的男性受測者選擇依競爭表現決定獎金，相較之下，只

有 35% 的女性受測者選擇這種方式。這麼大的差距跟男女完成實驗任務的相對表現無關，單純是因為許多女性受測者，無論對於這個加總 5 個數字的任務有多拿手，只要她們處於競爭性的情況中，就會感到不自在。這是這項研究最重要的發現之一：女性即使很擅長該任務，並能透過選擇競爭性給付方法得到更多獎金，她仍寧願選擇非競爭性的給付方法。

除了前面詳述的兩個研究以外，其他幾項研究同樣指出，男女對於競爭的態度大不同。另外也有研究顯示，女人比男人更想要避開需要談判的情境。

羅森與拉齊爾模型

男女對於競爭抱持的態度有所差異，或許有助於解釋高層職位男女比例失衡的情況，但這也只能說明一部分的原因。經濟學家謝爾文‧羅森（Sherwin Rosen）以及愛德華‧拉齊爾（Edward Lazear），在 1980 年代寫了一篇非常具有影響力的文章，比較大型組織與運動賽事的晉升過程。[7] 想要在組織中獲得晉升的員工，就像參加溫布頓網球錦標賽的選手一樣，必須要「擊敗」好幾位對手，才能升到下一個職等。一個人爬得愈高，愈接近金字塔頂端，就愈是會覺得高處不勝寒，每爬一階競爭就會變得更為激烈。

通常，從金字塔倒數第二層到頂端的薪資增幅最大，羅森與拉齊爾對此提出了一個非常有意思的解釋。他們說在其他的

競爭階段，你一旦獲得晉升，不但能夠得到更高的薪水以及威望，還能獲得一樣重要的獎品：能夠參與下一階段競爭的資格，藉此獲得更多的金錢以及威望。然而一旦你登上金字塔頂端，可就沒有這項附加的獎品了——因為它壓根就不存在，沒有下一階段給你升上去了。為了補償這點，當你從副手升上至尊之位時，薪資漲幅遠多於先前的各種晉升，否則這組織就等於是在減損人們爭相上位的動機，讓他們無法找到最厲害的人擔當大位。

職場的升遷競爭，通常不會像羅森與拉齊爾的模型那般公開透明，不過競爭絕對存在，而且無疑地會隨著你逐漸往上爬，變得愈來愈激烈。這也許就是平均而言比男性更想避開競爭環境的女性，即使才能跟晉升機會不下於男性對手，卻往往會在某個階段決定急流勇退。因此，一般來說，若要增加組織或公司高層職位的女性比例，性別優惠性差別待遇（gender-based affirmative action）可能並非對症下藥的政策。

在羅森與拉齊爾的模型中，平權措施就像是在跳高比賽中，為女性參賽者降低半個腳掌的跳竿高度一樣，並不會改變還是得參與競爭的事實，因此也不會讓對於競爭避之唯恐不及的女人，有比較舒服的感覺。事實上，這樣做還可能會造成反效果：一旦得知別人評估自己跟評估男人是兩套標準，這可能會傷害到她們對自己的看法，損及她們贏得競爭時的滿足感，因此減低女性參與競爭的動機。

比較有效率的做法，是用同樣的標準評估男性跟女性，但是設法讓女性比較願意參與競爭。比方說，無論勝負，都給參與競爭的女性一份「獎品」，或是讓贏得競爭的女性獲得更棒的獎勵，如加薪或紅利。

男女對於競爭的態度有性別差異，無疑地是在演化過程中發展而成：競爭賦予雄性的生存優勢遠高於雌性。在許多動物身上都能看見，雄性為了與雌性交配彼此競爭。競爭也可讓人類男性在遺傳上具有演化優勢。狩獵、獲得食物來源、保護家庭抵抗獵捕者與敵人，這些事情本身就具有男性氣概（因為男人的肌肉量一般來說比女人多），也很需要競爭性。在一個充滿敵意、食物來源稀缺且難以取得的環境中，一個避免競爭的男人，會讓他自己及其家庭面臨死亡風險。

老生常談 7：男人比女人更容易冒險。

事實：研究男性荷爾蒙睪固酮的醫學研究者，在幾年前發現人體內睪固酮濃度與手指結構之間，具有不可思議的關聯性。這個關聯性相當單純，任何人只要看看自己的手便一目了然：把你的右手在桌面上攤平，量一下食指跟無名指的長度，然後計算其比例。大多數男人的食指比無名指短，因此這個比例會低於 1，比例愈低，體內睪固酮的濃度就愈高。這兩者存在統計關係，儘管不必然每個人都是如此，但確實有統計顯著性，絕大多數人都適用。

高濃度的睪固酮在統計上，與性慾增強、專注度提高、肌肉量增長也有相關性。睪固酮對於健康也有正面效應，可減少體內脂肪濃度，減低罹患心臟病的風險。

另一方面，睪固酮也跟一些不良行為特徵有關：睪固酮濃度過高者變成菸槍或酗酒的機率，比睪固酮濃度相對較低的人高出 1 倍，除此之外也比較容易出現暴力行為，喜歡尋求危險刺激。

無名指的故事還沒說完呢！劍橋大學的經濟學家，比較了數百名金融「當沖交易者」的手指長度。這些人通常為投資室跟信託基金操盤，並以極快的節奏買賣股票。[8] 很多時候，他們用一種在當沖術語中叫做「刮頭皮」（shaving）的手法，在不到 1 分鐘，甚至幾秒內就買進、持有並賣出股票。

幾乎所有的當沖交易者都是年輕男性，他們為任何老闆都只做一小段時間，然後就會被換掉。劍橋大學的研究者追蹤幾位當沖交易者的工作績效，得出一個駭人的結論：當沖交易者的食指與無名指的長度比例愈低，他就愈會冒險買賣股票，帶來的平均利潤也就愈高。就連投資新手也知道，承擔愈大的風險，就能獲得愈高的平均利潤。雖然上述實驗聽起來相當荒謬，竟然靠手指長短來預測交易者有多大的統計可能性，會願意為了巨大淨利潤而甘冒風險，然而這卻是經過科學驗證的事實。

此外還有許多研究發現指出，男女對於風險抱持著不同的

態度。近年來有一系列頗有意思的研究,試圖了解年輕人的行為,這些研究特別想知道為何 13 歲到 23 歲的年輕人,普遍喜歡追求刺激、行為挑釁、不加思索就冒險。家裡有這個年齡層小孩的家長,經常發現很難了解小孩的行為,忘了他們自己年輕時也做過這些蠢事。

研究指出年輕人的大腦在這 10 年裡,仍然處於「發展過程」。因此,包括極端情境在內的新經驗,都對於成人性格發展相當重要。

年輕男性與年輕女性對於承擔風險的態度,有顯著不同。同樣年齡層的年輕男性,遠比年輕女性願意冒險,也比年長男性願意冒險。這也是自古以來,在戰場上拋頭顱灑熱血的大多是年輕男性的主要原因。

兩性對於風險之所以會抱持不同的態度,也有受到男性競爭女性伴侶的演化發展影響。這可以用先前章節中提過,扎哈維的「缺陷原則」加以解釋:雄性藉由承擔風險,可以向雌性展現勇氣,顯示牠有更高的機會,能夠成功保護後代免於危險,並且獲得食物來源。在女性面前誇耀其承擔風險意願的男性,因此可以獲得演化優勢。

不過若是有另一個男人在場,同樣也可以使男人願意承擔更多風險。研究男人在賽車模擬器中反應的實驗顯示,在有別的男人在場時,他們願意承擔風險的程度會大幅增加。每次看到家裡荷爾蒙衝腦的青少年兒子,週末抓了車鑰匙出門,家長

總會提心吊膽。但其實，如果是兒子一個人開車，而不是整車載滿了同年紀的朋友，家長應該可以稍微安心一點。

天擇也在這過程中扮演了某種角色。在其他男性面前展現承擔風險的意願，是為了嚇阻潛在的求偶敵手。這個特色在 19 世紀極為顯著，許多年輕男性只因為微不足道的羞辱，就攜械決鬥至死。這一切都是在司法當局許可下進行，沒有任何人會因此受到司法審判。

老生常談 8：男人喜歡找年輕一點的女人，女人則沒那麼在意伴侶的年紀。

事實：有明確且不容置疑的統計證據顯示，在大多數的婚姻中，先生的年齡都比太太大。不過這點反映的是生理還是文化偏好？

夫妻年齡差異的社會規範，受到兩大因素影響：首先是男人跟女人的適宜生育年齡有差，再者則是如同本書先前詳述過的，人類的性行為是建立在擁有長期、穩定關係的基礎上。在性行為是隨意一夜情的社會中，若大齡女子也有生育能力，男人就沒有理由非得找年輕女人不可。然而在長期的一夫一妻關係下，情況就不同了。以想要達到最大生育潛能的角度來看，被局限在跟一個固定伴侶建立長期關係的男人，會盡可能找個年輕一點的女人（假設她能生育），以確保在這段時間裡，能夠生下最多數目的小孩。

芬蘭在幾年前進行過一項很有意思的研究，想要確定男女結婚的最佳年齡差是多少，才能夠生下最多可以順利長大成人的小孩。[9] 這項研究的作者選擇以斯堪地那維亞半島北部的原住民薩米人，從 17 世紀到 19 世紀的人口歷史資料做研究，為的是確認人類在完全未受到現代醫學影響的自然環境下，最佳的結婚年齡差是多少。這項研究的結論，讓《花花公子》創辦人休·海夫納（Hugh Hefner）以及導演伍迪·艾倫的擇偶選擇，看起來似乎有點道理：最佳年齡差大於 15 歲。這項研究裡的夫妻年齡差五花八門，有男人娶了比他大 20 歲的女人，也有男人娶了比他小 25 歲的女人。結果能夠擁有最多健康小孩的最佳年齡差，是先生比太太大 16.4 歲。

後續研究則調查了受惠於最新醫學進展的瑞典夫婦們，結果發現最佳年齡差縮減到 6 歲。不過即使是在當代西方社會，夫妻年齡差高達 20 歲以上的情況也不罕見。名人跟他們老婆的年齡差距特別懸殊也不是巧合，而是社會因素使然：他們結成連理通常是「交易」的結果，老男人因為展現出青春活力而獲得社會讚賞，年輕女人則得到社會地位、金錢跟名聲。電視名人賴瑞·金（Larry King）就曾經被問到，他對於跟他太太尚恩 26 歲的年齡差有何看法。

「我知道你是怎麼想的，」他回答，「人們看到我跟尚恩時，第一眼就會注意到年齡差。不過我要說的是，人終究難免一死，她也不例外。」

老生常談 9：男人比女人更想找到外表具吸引力的伴侶，而女人比男人更想找到事業有成的伴侶。

事實：伴侶的外表吸引力，對於男女來說都有某種程度的重要性，因為在過去這就是健康活力的象徵。另一方面，對人類來說，何謂有吸引力深受文化影響，絕不是放諸四海皆準（除了臉部要有一些對稱性。研究指出這個標準被普遍用於定義美醜）。人們之所以會認為在某個特定文化中被視為美麗的長相有吸引力，主要是因為若能在婚配市場中，得到一名大家都想獲得的伴侶，可以提升自己的社會聲望，這也是男人比女人更會吹噓自己偷情史的原因。

不過一談到尋求事業有成的伴侶時，情況就大不相同了。在史前社會裡，事業成功表現在狩獵技巧上，良好的狩獵技巧可在兩方面增進伴侶的吸引力：一是可以提升養活一大窩小孩的機會。不過也許更重要的是，既然良好的狩獵技巧或多或少會代代相傳，這也可以提升在幾個世代中，都有傑出後代的機會——這是增進女人整體遺傳成就的重要因素。

按照這個推論，女人事業成功，理應也該成為男人重要的徵偶條件，然而男女的「繁衍策略」並不能等而論之。如同先前提過的，男人在演化上著重於量（意思是後代數目多多益善），女人卻是寧缺勿濫——這似乎是伴侶事業成功，對女人來說更重要的演化原因。

老生常談 10：女人比男人更多話。

事實：神經心理醫師露安‧布哲婷（Louann Brizendine）在 2006 年出版了《女人的大腦很那個……》（*The Female Brain*）一書，為我們許多人婚姻中層出不窮的緊張關係，做出了最終解釋：布哲婷說女人說的話，是男人的 3 倍！[10] 布哲婷用她在診所蒐集到的資料，得出女人每天平均會說 20,000 字，相較之下男人每天平均只說 7,000 字。布哲婷把女性大腦比喻成一條處理情緒的高速公路，男性大腦則像是條荒僻小徑，她說這是因為睪固酮造成的差異，並會讓男人老是想著性，妨礙他們表達情緒的能力。

雖然許多男人可能會覺得，他們的老婆或女朋友正是這種現象的鮮明範例，不過布哲婷實際上搞錯了。在她的著作出版大約一年後，亞利桑那大學心理學教授馬修‧梅爾（Matthew Mehl）等人，針對男女說話量一題，進行了深入廣泛的研究，並發表於卓越的《科學》期刊上。[11] 根據這篇文章，男女講話的字數並沒有什麼差異，兩性每天平均都會說大約 16,000 字。這項研究發現是透過錄音裝置，對大量樣本進行研究所得到的結果。實驗中最多話的前三名都是男人，第一名每天平均會說到 47,000 字。不過，重點並不是布哲婷或梅爾的研究所得到的字數多寡，而是無論男女，竟然有那麼多人真的相信女人就是長舌（這樣講是有點誇張啦），而男人就如誓言沉默寡

言的僧侶。

　　現實與大眾觀感為什麼會有那麼大的差異？在研究人際關係的專業心理學文獻中，「要求—退縮」模式（demand-withdraw）——指一人要求談論關係裡的問題，另一人卻想要迴避這類對話，是最常被談論的現象之一。而「要求—退縮」模式似乎是女性被烙上長舌惡名的重要影響因素。加州大學洛杉磯分校的研究者曾於 1990 年針對這個現象進行深入研究。研究發現在大多數的「要求—退縮」模式中，都是女人在要求，男人則是反應消極或退縮。[12]

　　這項加州大學洛杉磯分校所做的研究，促使幾位研究者試著解釋男女在「要求—退縮」模式中，所扮演的角色。有些人認為，是因為兩性處理情緒方式的不同，才使得女性總在要求，而男性則反應退縮，不過後來對這個主題再深入研究，就逐漸發現這並非實情。有項研究指出在「要求—退縮」模式中，誰扮演主動角色，誰扮演被動角色，並非取決於男女性別，而是看是誰開的話頭而定。[13] 一般來說，開話頭的人會採取主動要求，另一個人則會退縮，這跟開話頭的人是男是女無關。另一項在 2010 年發表的研究則指出，同性伴侶之間（無論男女）也會出現「要求—退縮」模式，程度跟異性戀伴侶不相上下。[14] 最後，一項在 2006 年發表的論文指出，「要求—退縮」模式中出現的行為模式，受到顯著的文化因素影響。[15] 比方說，對於巴基斯坦伴侶而言，男女在「要求—退縮」模式

中扮演的角色剛好相反。總結來說，這些研究都指出女性在
「要求─退縮」模式中，之所以會扮演要求者，並不是情緒處
理機制不同所致，而是因為女人在一段關係中，比較常尋求改
變，而男人則寧願維持原狀。

討論至此，關於「要求─退縮」現象還有兩個問題未解。
首先，為什麼女人在一段關係中，比男人更常尋求改變？再
者，為什麼收到「要求」的伴侶（無論男女），往往會選擇扮
演消極的「不予置評」角色、避免發生衝突，而不是選擇「還
擊」，或是跟要求者坐下來好好討論？畢竟，當伴侶以外的人
提出令我們反感的要求時，我們通常都會主動回應。

事實上，當我們在討論由於演化上的理由，「女性需要男
性伴侶的情感投入與承諾」時，就已經回答了第一個問題。此
外，「要求─退縮」情境往往出現在一方（通常是女性），抱
怨另一個人對這段關係投入不足的時候。

要回答第二個問題，則要用到一些簡單的賽局理論。為什
麼被伴侶要求的人會選擇退縮？這跟性別無關，實際上跟一夫
一妻制也毫不相干，而是許多深厚、長期的互動關係中均有的
現象。比方說父母跟子女之間，出現「要求─退縮」現象是稀
鬆平常的事（父母為要求者，小孩則為退縮者）。與「要求─
退縮」情境有關的行為，會在互動雙方之間形成均衡狀態。在
大多數情況下，「要求─退縮」模式是雙方漫長協商的一部
分，其中一人要求改變，另外一人則覺得代價匪淺。

然而，某方對於另一方的要求採取消極回應策略，並不一定表示他對伴侶的企求沒有興趣，而是要形成均衡狀態——既接受部分要求，又不至於淪落到全盤接受任何要求。在重複互動的賽局中，這種「不予置評」策略，也可以是均衡的一部分，畢竟有時沉默是金。

　　最後一條老生常談，跟兩性之間的差異沒有直接關係，不過倒是跟這一章的主題有關。

老生常談 11：同性戀沒有演化優勢。

　　事實：幾乎各大宗教的神職人員都經常提及這個論點，聲稱：「造物主願人類長存，而同性戀永遠無法繁衍後代，故定然違逆了神的旨意。」有意思的是，有些極世俗化、相信演化論的人也持同樣觀點，聲稱：「演化的力量願人類長存、繁衍生息，而同性戀永遠無法繁衍後代。」

　　上述說法雖然不假，但對「親屬選擇」的理解卻十分淺薄。「親屬選擇」能幫助基因在演化中得以存續。物種的存續不只是靠那些繁衍後代的人，也得靠那些能保證 DNA 相似的後代（也就是家族成員）能存活下去的人。比方說，工蜂跟工蟻就放棄生育，獻身於照顧蜂后跟蟻后的後代，確保蜂后、蟻后的品系得以延續，而這個現象不光是出現在社會型昆蟲身上。此外，不進行有性生殖的「消極」（passive）個體，由於其不必擔負照顧後代的重擔，因此能為兄弟或姪女等具有相似

遺傳基因的他人照顧後代，提升他們的生存機會，藉此獲得演化優勢。

　　一篇於 2006 年發表於卓越期刊《美國國家科學院院刊》（*Proceedings of the National Academy of Sciences of the United States of America*）的文章，為這項解釋提出實證。[16] 這篇文章的作者指出，有哥哥的年輕人發展出同性戀的傾向，遠高於沒有哥哥的同儕。除此之外，他們還發現如果年輕人的哥哥不是親生的（比方說是領養的，或是父母親先離婚又再婚之後跑出來的「哥哥」），就不存在同性戀傾向增強的情形。這顯示同性戀傾向增強的源頭，是生物性而非社會影響（然而，我們不知道一位母親的第二個或第三個小孩，跟第一個小孩有何生物學上的差別，比方說母親的卵可能在生了第一胎之後有所變化）。很多時候哥哥有自己的小孩要照顧時，弟弟也會跑來分擔照顧責任。

　　請注意，這個解釋跟現代社會中的同性戀是否比異性戀更會照顧姪女姪子無關。因為演化之力早在數萬年前，就已經造成這些傾向。因此在這些同性戀可帶來演化優勢的案例中，演化是有可能讓同性戀得以留存下來。

享有演化優勢的兩性差異

　　演化造成的兩性差異，在人類文明剛開始時就已經確立，

不過當時的生活環境與我們今日大不相同。許多兩性差異至少早在數百年前，就不再讓個體享有演化優勢。讓人類特質得以適應新環境的社會機制，無疑地改變了我們許多的性格與情緒反應。

既然如此，為什麼儘管女性主義以及社會政策，在這一百年裡直接刻意模糊了許多兩性差異，但在現代先進社會中，仍有那麼多兩性差異存在？答案可能不只一個，不過我相信有件事至關重要：雖然某些區別男女的特徵，時至今日不再具有任何演化優勢，但是兩性之間存在差異這個事實，對於人類以及兩性仍然是個巨大的演化優勢。男女差異凸顯了性徵，鼓勵我們要有性吸引力，才能繁衍下一代。拿不出男子氣概的男人，以及無法展現女性魅力的女人，就會降低成功贏得異性伴侶青睞的機會。

即使在許多跟求偶無關的場合，人們仍然認為有男子氣概的男人，與有女性魅力的女人才富有美感和吸引力。這就是為什麼我們繼續在外表上強調這些特徵，而不是把性別差異弄得模糊不清。社會中許多思想最為自由開化的人，（如果是女人）她仍然會化妝，（如果是男人）他則會扮硬漢。

我們經常強調男女行為有別，原因跟著重外表差異一樣。想想看你認識的夫妻中，兩個人同車時，有幾對是老婆開車，又有幾對是老公開車？再想想你認識多少男人在家裡負責掌廚，又有多少是女人下廚？

古代演化條件下造成的微小性別差異，可能會隨著時間變得愈來愈顯著，而不是消逝無蹤。這也是為什麼即使如今已經少有女性會為嬰兒哺乳，豐胸手術卻大為盛行，而在這個科技與經濟進步，幾乎已經完全不需要靠體能獲取食物、為小孩提供庇護的年代，男人仍然想要上健身房練體格。

15
讓我碰上真命天子吧！

愛會在對的時間，跟對的人醞釀而生。問題是，我們願意投注建構穩定關係所需的承諾嗎？

　　我們稱之為愛與性等非常美好的事物，極有可能都是病毒造成的。要是沒有病毒存在，包括人類在內，所有的動物有可能都只能無性生殖。

　　實際上，有相當多種植物以及一部分的動物是行無性生殖，這表示牠們不需要另一個生物，就能生殖。但是大多數生理構造複雜的物種若不進行有性生殖，就無法抵禦病毒感染而存活下來。在動物與病毒之間，有一場未曾間斷的戰爭不斷上演，而遺傳變異就是動物為了贏得這場戰爭，所研發出來的最有效武器。

　　攻擊人類等動物的病毒，一直都在努力讓自己適應被害者的遺傳結構。我們的遺傳結構就像是鎖，病毒則想要找到可以開啟這些鎖的鑰匙。倘若某個群體具有夠廣泛的遺傳變異，病

毒就得攜帶一大把鑰匙才能攻擊所有個體。相反地，倘若這個群體具有遺傳一致性，病毒只要帶上一把鑰匙，就可以消滅整個群體。有性生殖可讓兩個具有不同遺傳結構的個體交配，繁衍出遺傳結構跟父母都不一樣的後代。有性生殖本質上等於是買保險，確保父母的基因得以存續。

情緒機制作用範例：反對近親繁殖

這也是近親性交成為演化禁忌的根源。倘若演化的目的是要創造一條動物遺傳鏈，盡可能讓遺傳相似性愈高愈好，那麼天擇就會偏向近親繁殖，兄弟姊妹會成為生小孩的最佳對象。然而事實上，近親繁殖卻是糟到不行的演化劣勢。

我們都知道近親繁殖生下的小孩，發生遺傳病的機率會大幅增加。除了社會把近親繁殖視為禁忌以外，我們也發展出一套有效的心理機制，以防我們被家庭近親所吸引。這一切都是為了保護物種裡的遺傳變異，即使這樣做會減低自己以及後代之間的遺傳相似性。我們與後代的遺傳相似性愈大，就表示人類族群中的遺傳變異愈小，這會使得人類這個物種更容易毀於病毒疫情之手。

這當然又是一個情緒機制發揮巨大作用，防止壞結果出現的範例：要想理解亂倫的演化風險，實在太過抽象，還不如馬上感覺到反感來得有效。幾乎我們所有人，只要一想到跟兄弟

姊妹或表親等等親戚性交，就會倒彈三尺。然而有許多研究指出，我們大多數人實際上會被那些外表跟個性跟我們很像的人吸引。研究這種現象的心理學家發現，不知道彼此是兄弟姊妹或表親的人（可能是因為被領養、與父母分離，或是家族龐大等等因素），對彼此的性吸引力，遠大於多數夫妻。我們可以合理認定，這股吸引力源自於若非有病毒威脅，與親戚結婚將會頗有演化優勢。

當人類行無性生殖……

想像一個沒有病毒，因此人類進行無性生殖的科幻小說世界，還蠻有趣的。倘若沒有必要用遺傳變異來對抗病毒，無性生殖就有絕對的演化優勢。有性生殖在遺傳上很沒效率，過程既複雜又太靠運氣，所產下的後代基因也並非跟父母完全一致。相較之下，無性生殖可讓我們複製出跟自己完全一樣的完美基因複製人。因此我們可以合理假設，就純粹的演化考量來說，倘若我們生活在無性生殖的世界裡，無性生殖對我們來說，就會跟性關係一樣令人歡愉。要是生殖不令人感到歡愉，我們就不會去做，那人類就要絕種了。

就演化而言，我們進行無性生殖也許沒什麼問題，但是人類社會會變成什麼模樣？求愛、愛情、浪漫、調情，這些事又會扮演什麼樣的角色？倘若少了浪漫愛情這個主題，藝術跟音

樂會如何發展？在無性生殖的世界裡，自戀與自我中心無疑會成為主要的人格特質，我們全都會變得只關心自己，鮮少與他人互動。總而言之，我們的生活也許會變得相當單調乏味。

為什麼不是多性生殖？

不過倘若兩個人從事性行為並進行繁衍，結果比一個人來得好，那為什麼三人性交不會更好？佩里跟他兩位同事，在一篇很有意思的論文裡，提出了這個問題。[1]如果性交是為了確保族群裡有可以對抗病毒的遺傳變異，為什麼天擇沒有繼續衍生出三人性交？畢竟若是可以結合三個個體的遺傳物質，就可以創造出更多變異。

我應該要澄清一點：我所謂的三人性交，並不是指某些1970 年代法國類型電影裡頭，那些兩男一女或兩女一男的 3P場景，而是指有三種不同的性別：雄性、雌性，再加上一種在現存語言裡無可名狀的第三性。在這樣的世界裡，每次成功性交都需要三種性別各一人提供遺傳物質，才能生出後代。地球上沒有任何物種以這種方式繁衍，原因很單純：相較於我們非常熟悉的兩性生殖，三性生殖的優點遠遠不如它所帶來的缺點。

就技術層面來看，要想像三性生殖一點也不困難。曾經有過一些 DNA 檢測案例，原本是想要確認生父是誰，卻神祕地

發現父子及母子之間均無血緣關係。有些案例進行深入調查後發現，小孩實際上有三個父母，因為讓卵子受精的精子，來自兩個不同的男人，因此小孩身上就有那兩個男人以及母親的遺傳物質。那是由於小孩的母親在短時間內，確實跟兩個不同的男人發生性關係，他們的精子同時讓她當時排出的卵受精。

佩里與其共同作者指出，在繁衍過程中加入更多性別，確實會增加族群裡的遺傳變異，但是從兩性變成三性生殖，所能增加的變異性寥寥無幾。另一方面，需要三種以上不同性別的生殖過程，卻會大大減低生育力，因為這需要有三個想要生殖的個體找到彼此——這比兩個個體偶然相遇要複雜多了。結論是，生物行兩性生殖是其避免被病毒滅絕的最佳繁衍形式。令人欣慰的是，人類並非動輒 3P 或多 P，而他們因相互依戀所發生的性關係也非恣意而為，而是經過數學精算的演化考量結果。

因愛成家 vs 談判式的婚姻協商

本書在先前章節曾經指出，人類的性行為與其他大多數動物不同，是因為人類的性行為混雜著情緒與承諾。不過讓我們想要談戀愛跟性交的情緒，也不是隨意發生的。跟一般認知相反，我們並不會突然墜入愛河，或是被浪漫情緒沖昏頭——愛會在對的時間，跟對的人醞釀而生。事實上，愛情大多數時候

都是我們自己所做的決定。

我完成大學學業後，前往美國進行研究，我很驚訝地發現有些來自印度的同事，竟然是跟家裡安排好的對象結婚。那些同事年輕有為，抱持著自由派的觀點，受過極佳的教育又富有智識，也已經在美國居住多年。但是談到婚姻時，他們卻接受了母國的傳統文化，任由父母安排終身大事。

我跟我的印度朋友促膝長談，討論愛與兩性關係。他們認為自己逐漸愛上伴侶的經驗是理智且深思熟慮的結果。他們第一次見到未來伴侶時，不僅婚期已定，連未來居所和嫁妝清單都已經談定。「新娘或新娘是否適合彼此」這個問題幾乎完全操於雙方家長之手。

印度這個由父母安排的婚姻傳統，會在協商嫁妝數量時，公開討論新娘跟新郎雙方各自的優缺點。倘若雙方父母認為新娘跟新郎的「品質」落差過大，他們就會結束協商，另覓佳偶。差距不大的話，就由調整嫁妝金額來「彌補」落差，藉此反映結婚子女的相對品質高低。

我有一位名叫拉加旺的同事，他在牛津大學讀博士讀到一半時，回到印度結婚。他在雙方家長達成婚姻協議前半個小時，才見到他未來的妻子。這對新婚夫妻結婚不到兩天，就回到牛津。拉加旺等人經常跟我說，雖然他們的婚姻是由父母安排，但並未減損他們對於伴侶一分一毫的愛意。事實上，他們認為情況恰恰相反：既然父母已決定、安排並且處理完婚姻裡

的其他瑣事，他們就能專注地培養感情。我有些印度朋友甚至跟我說，他們不太能了解我跟我太太的情況，問我說怎麼有辦法在那麼多事情不確定的情況下，處理感情這種這麼情緒化的事情？

印度這套由父母安排婚姻的體系（許多其他國家也是這樣），雖然有許多正面益處，不過也可能成為某些社會問題的源頭。尤其是嫁妝習俗，便凸顯了性別不平等現象：新娘父親必須付給新郎父親的嫁妝，可能會超過新娘家所能負擔。印度有些網站有列出嫁妝價碼，主要是由新郎職業、新郎種姓、新娘種姓等等變數決定。新娘與新郎之間的差距若是過大，嫁妝甚至可能會高達 13 萬美元。無怪乎許多印度家庭會認為生女兒是賠錢貨，生兒子則是當成寶。

隨著在懷孕初期就能鑑定胚胎性別的技術進步，印度近幾十年逐漸出現一股墮掉女嬰的趨勢（中國也是如此）。在出現這股墮掉女嬰的趨勢之前，生物學會讓人類族群的男女比例保持平衡，然而墮女嬰的趨勢卻改變了這點，如今世界人口的男性比例比女性多了 2%，印度男性比例比女性多了 4%，中國差距則是 6%，印度某些省分的差距更大。耐人尋味的是，男女比例差距最大的情況，竟然是出現在富裕地區，因為懷上女性胎兒的有錢女人，比窮女人更能夠負擔墮胎費用。

這些男女比例失衡的現象，自然會開始驅動矯正市場的力量。女人短缺導致嫁妝價碼直直落，有些地方甚至一反傳統，

變成新娘父母要求新郎父母給嫁妝，才能夠把女兒娶回家。在那些男女數目差距特別大的地區，適婚女性實在太過稀缺，以至於出現另一個令人不安的經濟現象：兩兄弟合娶一個女人，家裡才付得起新娘父母索討的大筆嫁妝。

西方社會的婚配市場比較自由隨意，不過若是仔細檢視個中運作的理性與經濟考量，就會發現這跟印度由父母安排的婚姻體系，其實也沒什麼兩樣。「愛是盲目的」這句話聽起來有點詩意，不過現實通常乏味得多。在大多數情況下，我們會跟預期能夠互相形成羈絆的人陷入愛河，避免對那些我們認為「無法得手」的人產生愛意。我們通常會對同一個種族、社會經濟地位相等的人產生愛意。

情為何物？婚姻市場模型

我的好同事、社會學家伊娃・易洛斯（Eva Illouz）針對現代西方社會男女選擇愛情伴侶的方式，進行過相當徹底的研究。[2] 易洛斯的研究顯示，人們對於男女關係所抱持的自由主義態度，加上科技進步，按個按鈕就能安排約會，使得資本主義的消費者文化，滲透到我們的愛情生活當中。結果是我們在現代愛情中，行為就像在購物一樣，只要不是能夠得到的最佳對象，我們都拒絕妥協。為了達成理想中的目標，我們願意忍受數百次充滿挫折與幻滅的網路約會，卻不願意投注建構穩定

關係所需的承諾。

1992 年諾貝爾經濟學獎得主蓋瑞・貝克（Gary Becker），也認為我們對於愛情關係所做的決定，非常像我們在市場中所做的決定。貝克在 1973 年與 1974 年發表的兩篇文章中，以「婚姻理論」為題，提出一個婚姻市場的數學模型。[3,4] 他不是第一個這樣做的人，有兩位專研賽局理論的數學家，大衛・蓋爾（David Gale）以及勞埃德・沙普利（Lloyd Shapley，他獲頒 2012 年諾貝爾經濟學獎），早他 10 年就提出了一個類似的婚姻市場模型。[5]

這兩個模型都把市場描述為男女各一邊的雙邊市場。每個男人都把女人按照喜好度排列，比較吸引他的女人排在名單上面，比較不吸引他的排在下面。每個女人也同樣給男人排名。倘若能夠得手的異性，就他或她主觀的吸引力排名實在太低，他們寧願保持單身，也不願意遷就去結婚。

這兩個模型的中心概念在於「穩定婚配組合」。婚配組合是指市場中的男女，構成一夫一妻的關係，每個男人都不會跟超過一個以上的女人婚配（雖然有些男人會保持單身，不跟任何女人配對），而每個女人也都不會跟超過一個以上的男人婚配（同樣也是有些女人會保持單身）。倘若夫妻無法離婚，也不能跟比既有伴侶更優的對象婚配，就可以稱為「穩定婚配」。（比方說 A 男喜歡 B 女，B 女也喜歡 A 男，但他們都跟別人結婚，這就不能算是穩定婚配。）同樣的道理，穩定婚

配的男女，都喜歡跟自己的伴侶在一起，更勝於保持單身。

　　光從這些定義來看，很難一眼看出如果有個婚配市場，是否總是能夠產生理想的穩定婚配組合。然而蓋爾與沙普利精簡優雅地證明了一個最佳化數學定理：無論婚配市場中的男女偏好如何，總是有穩定婚配的可能性存在！蓋爾與沙普利甚至示範了如何用一個既簡單又易於施行、可以用電腦跑的程序，只要輸入每個男女的偏好之後，就能找出穩定婚配。

　　較之於貝克的模型，蓋爾與沙普利的模型具有更廣泛的應用價值。事實上，這是史上最有影響力、最常被實際應用的經濟模型之一。比方說，這個模型被用來決定如何配置實習醫生，該市場也因此變得更有效率。備受尊崇的史丹佛經濟學家阿爾文・羅思（Alvin Roth）進一步發展這個理論，協助美國與英國的校董會，把學童送入他們想要入學的學校。羅思近年來力推將蓋爾─沙普利演算法，應用於腎臟移植這項救命事業。

　　想要成功移植腎臟，需要捐贈者與受贈者之間，具有高度的基因相容性（genetic compatibility）。器官移植跟婚姻沒什麼兩樣，即使有好的捐贈者跟受贈者，但是由於他們基因不相容，很多時候就是無法配對成功。羅思與幾位同事想到可以利用配對演算法，把相容的捐贈者與受贈者配對，就能拯救許多人命。其想法如下：

　　假設榮恩想要捐腎給他生病的妹妹魯絲，但很不幸地兩人

相容性不足，無法成功移植，同時瑪雅也想要捐腎給她先生蓋瑞，但是醫師們同樣出於相容性問題打回票。倘若榮恩的腎臟可以成功移植給蓋瑞，瑪雅的腎臟也跟魯絲相容，那麼這兩對捐贈者與受贈者之間就可以進行器官「對換」，拯救兩條原本可能救不回來的生命。

羅思正確地理解到，這類器官捐贈與受贈的潛在「市場」，跟婚配市場以及前述的實習醫師市場很像，是個雙邊市場：捐贈者在一邊，等待腎臟移植的受贈者在另一邊。因此可以把演算法應用於器官移植市場，創造出腎臟捐贈者與受贈者的長鏈，每年拯救全國數以千計的人命。

貝克模型：綜效與效用轉移

然而，貝克的模型本身也有很多價值：它描述了深植在這個顯然非理性的約會市場裡，驚人的精明與自利之處。以下我們做個說明：在貝克的模型中，人們用外表、教育程度、社會地位、財富等等一系列特質，給異性的吸引力排名。每個人對於這些特質，各有不同的相對權重，以此形成他或她的異性偏好。每一對可能形成的男女配對，都會產生「綜效」（joint utility）——指每個伴侶在配對中能獲得的好處，它是根據每個伴侶的特質，以及另一位伴侶對這些特質賦予的權重計算而得。一對成功的配對組合具有較高的綜效，不過他們並不一定

是均分這份綜效（我們稍後再來討論這點）。蓋爾—沙普利模型只能讓每個人選擇接受或拒絕任何擺在他們眼前的特定配對，然而在貝克模型中，每個人除了選擇是否接受配對以外，還必須協商他們之間要如何分配配對所帶來的綜效。

舉例來說，倘若有個女人具有許多吸引人的特質，因此被許多男人評為高分，她有可能會嫁給一個其他女人並不覺得有吸引力的男人，但是在這種情況下，結婚所帶來的綜效會偏向這個女人，比方說男人就得做更多家事，或是放棄購買他特別喜愛的跑車。這個假設在貝克模型中叫做「效用轉移」（transfer of utility），是貝克模型與蓋爾—沙普利模型的主要分歧之處。不過，經濟學家一直對「效用轉移的限度多高才合理？」爭論不休，我們稍後會再討論。

範例：婚配市場的運作

以下舉例說明如何利用貝克模型，在穩定系統中完成配對並達成效用轉移協議。為了簡化起見，本例中的婚配市場很小，只有瑞秋跟米瑞安兩個女人，以及山姆跟大衛兩個男人。在這個婚配市場中，一共可形成四種可能的婚配結果，也會產生相對應的綜效，列於右頁的表 15-1 中：

	大衛	山姆
瑞秋	8	4
米瑞安	9	7

【表 15-1】婚配市場的綜效

舉例來說，這張表顯示大衛跟瑞秋若是配對成功，他們得到的綜效是 8 單位。這包括他們兩人從結婚這件事裡，所獲得的物質與情緒益處。

不過請注意在這個範例中，雖然大衛跟米瑞安是最成功的配對可能（綜效是 9 單位，為表中最高），他們卻無法在穩定配對系統中配對成功。要解釋這點，你可以想一下大衛跟米瑞安結婚，瑞秋跟山姆結婚的情況：我們假設他們四個人根據簽訂的效用分配協議，山姆拿到的效用是 S，大衛拿到 D，瑞秋拿到 R，米瑞安拿到 M，這表示 S+R=4，D+M=9。簡單來說，山姆跟瑞秋這對夫妻過得很糟，而且根據表 15-1，山姆如果跟米瑞安結婚會比較好，瑞秋跟大衛結婚也會比較好。無論山姆跟瑞秋在目前的配對中能夠得到多少益處，他們跟別人在一起分到的好處都會更多。因此就算大衛跟米瑞安是天造地設的一對，然而日子過得很不開心的山姆跟瑞秋有動機離婚，會讓這套配對結果變得不穩定。

你也可以換一種方式來看：在穩定配對組合中，哪一種配對結果的「效益」總和比較大。例如，山姆跟瑞秋的綜效是 4

單位，大衛跟米瑞安的綜效是 9 單位，總和是 13 單位；另一方面，大衛跟瑞秋的綜效是 8 單位，山姆跟米瑞安的綜效是 7 單位，總和是 15 單位。在這個範例中，數字比較大表示穩定。

這一段的重點在於，一段配對關係是否穩定，不只是看配對雙方之間的直接關係，也要看配對關係之外的其他可能性，也就是如果換個配偶的話，日子會不會過得比較好。基於同樣的道理，最成功的一段關係（意思是能夠產生最大綜效），也很有可能永遠都不是穩定婚配系統的一部分。婚配系統若要穩定，就必須讓婚配市場裡所有人的效用總和最大化。

在我們所舉的這個婚配系統中，大衛跟瑞秋配對，米瑞安跟山姆配對，這樣的結果是穩定的──效用總和是 15 單位，在這個婚配市場中為最高的總效用。接下來的問題是：每一對夫妻要怎麼分這些效用？答案還是要依整個市場而定，並不是只看夫妻個人，而且男女之間也不一定會均分。

假設在我們所舉的範例中，效用是男女均分，因此大衛跟瑞秋同意把 8 單位的綜效均分為 4:4，山姆跟米瑞安同意把 7 單位的綜效均分為 3.5:3.5。但是這樣的安排並不穩定，因為米瑞安跟大衛可以各自離婚，互結連理，使他們能夠有更多效用可以分帳（這樣他們加起來就有 9 單位的效用，比原先的 7.5 單位更多）。不過在這個範例中，有一種分法倒是可以產生穩定婚配體系：大衛跟瑞秋把 8 單位的綜效均分為 4:4，不過山

姆跟米瑞安瓜分他們 7 單位的綜效時，山姆只分到 2 單位，米瑞安則分到 5 單位，比她的伴侶山姆多 3 單位。

在這樣的協議下，為什麼山姆不會反對他所得到的不平等待遇，主張既然他已經負責煮三餐跟接送小朋友去練足球，米瑞安就該負責洗衣服？貝克模型給了一個有點諷刺的答案：倘若山姆分到的綜效比米瑞安還多，米瑞安就會想要跟山姆離婚，轉而嫁給大衛，這樣的新安排會使得米瑞安跟大衛的日子都過得更好。

貝克模型的啟示

在探討愛與人際關係時，瀰漫於貝克模型裡的唯物論及純粹的自私自利，若是讓你覺得莫名地不愉快，我也深有同感。不過我們的批評還是得精準到位：貝克模型不一定是純粹的唯物論，比方說前面提到的那些數值，裡頭也有情緒效用的成分。然而貝克模型確實是建立於自私自利的基礎上，這是貝克模型的弱點之一。舉例來說，貝克模型指出，倘若夫妻裡有人受重傷或得重病，導致他們的綜效明顯減低，那麼他或她的伴侶就應該立刻開始尋求新關係。無論就道德觀點或是經驗法則來看，這樣描述愛情關係可不怎麼準確。

貝克在 1970 年代於芝加哥大學擔任經濟學教授時，提出了他的婚姻市場模型。所謂的「芝加哥經濟學派」認為，經濟

人只講求自己的物質利益，並且堅定信仰著市場力量。貝克是芝加哥學派的忠實擁護者，無怪乎貝克為了減少移植器官長期短缺的問題，提出了爭議的人類器官可在自由市場買賣的提議。

雖然有些針對貝克模型的批評言之成理，不過這仍然是個相當重要的模型，它提供了一些關於婚姻市場實際上如何運作的見解，其中有些見解也有實證支持。比方說這個模型就正確地預測到，女性參與勞動市場的比例增加，可以改善目前女性與其伴侶的關係，但同時也會增加離婚率。這是因為女人一旦有了自力更生的方法，她保持單身的效用就會提升。

我們來思考一下在上述範例中，倘若瑞秋有機會工作且自力更生，可以使得她單身的效用從 1 單位升到 4.5 單位，會發生什麼情形？答案是，先前提過的婚配系統，就不再穩定。瑞秋現在會要求大衛至少要分給她 4.5 單位的效用，她才願意維持兩人關係，這麼一來大衛就只剩下 3.5 單位的效用（他們的綜效是 8 單位）。但是大衛不需要同意瑞秋的要求，他可以轉而給米瑞安 5.2 單位的效用（這比米瑞安從山姆那裡得到的效用還多），要米瑞安嫁給他，這麼一來他們的日子都會過得更好。這段分析佐證了女權組織人士有時會提出的論點：她們認為許多男人反對太太出門工作，並不是因為擔心太太會因此對孩子照顧不周，或是家事會做不完，而是擔心女性經濟獨立之後，會提升女性在關係中的議價本錢。

貝克模型還有另一個弱點：它假設效用可以轉移。按照這項假設，夫妻雙方在對方身上看到的任何負面特質，幾乎都可以用適當分配婚姻綜合資源的方式加以導正。這把婚姻關係中的浪漫元素基礎完全粉碎，不但駭人聽聞，而且也不盡符合事實。請容我在不提及任何人名的情況下，說段個人經歷。我大一時曾經跟一個夢寐以求的女人，有過一段短暫的戀愛關係。她既漂亮又聰明，幽默感十足又極為細膩。然而我再怎麼努力，都無法在她身上找到一種有別於好朋友，足以讓我墜入愛河、無可名狀的愛慾感。我無法想像這位優雅的年輕女性，要給我什麼才足以補償那股消失的悸動。

16
藝術體驗與意外驚喜

我們能夠從音樂與妙言趣談獲得樂趣，是源自預期與意外之間的反差。意外經驗會在大腦植下重要知識，使我們做出更佳決策。

　　我父親在幾年前過世了，不過他有時候會在夜深人靜時，出現在我的夢境中。某日，我沉思著前一晚的夢境，遂抓起紙筆寫下一首獻給我父親的詩，後來還拿去入樂。我寫那首詩時文思泉湧，那是我從未有過的經驗。我下筆總是猶豫再三，老是字斟句酌改個沒完，但是寫那首詩卻完全不是那麼回事。我給那首詩配樂時也是輕輕鬆鬆，但是當我寫完曲子，抓起吉他要彈奏時，眼眶裡卻泛滿了淚水。我被情緒完全淹沒，根本唱不出隻字片語。

　　我一度覺得被自己寫的詞曲弄得不能自已，是一種自戀感在作祟，但我馬上就發現我之所以會產生那些情緒，並非是因為那首歌的詞寫得多棒，或是我有多愛自己的創作結晶，甚至也不是出於我對父親的思念，主要是因為歌詞準確地描述了我

心目中的父親。

雖然我在寫歌詞時下筆如飛，不過還是費了不少心力才完成。我覺得那段經驗，跟我平常從事證明數學定理的研究工作類似。無論是歌詞的確切韻腳，還是那非比尋常的節奏，都是構成澎湃情感的重要部分。那首歌是從哪裡冒出、醞釀而成的？是我的腦袋想出來的，還是發自內心深處呢？

結合情緒與認知分析的藝術

我們通常認為情緒跟分析性思維，是源自於兩個不同的內在系統。我們希望順遂時，這兩個系統不會互相干擾。而不太順遂時，我們又擔心這兩個系統會變得難分難解。然而事實跟我們所想的似乎大不相同：我們內在的情緒以及分析／認知系統之間，只有一條細細的分界線。這兩個系統在大腦前端、受額頭保護的前額葉皮質處，有密集的交流互動。

當代治療臨床憂鬱症最成功的療法之一，是把磁鐵放在靠近前額葉皮質的地方，以消除會造成更多憂鬱與焦慮的負面思維惡性循環。不過在情緒與認知系統之間，也可以產生正向思維的良性循環。事實上，每一次的藝術體驗——無論是主動創作還是在旁賞析，都需要情緒與認知系統彼此交流。藝術體驗顯然與情緒反應有關，然而這些情緒反應是透過認知過程所產生。我們藉由認知過程獲得見解，或是認出藝術作品中的美學

結構。

　　幾乎所有的藝術體驗，都是認知分析與情緒反應結合的結果。倘若沒有情緒反應，我們就會對藝術創作無動於衷，覺得那對我們一點也不重要。但是倘若沒有某種程度的認知分析，我們就無法認出藝術創作裡的美學價值，因此也無法引起情緒反應。此外，人們也往往認為那些意在引起本能情緒反應的藝術創作（像是極為暴力的主題，或是把受苦情境敘述得令人揪心）流於膚淺，無法喚起真正的藝術體驗。

從穴居人吹笛到巴哈賦格曲

　　巴哈是我認為古今中外最動人心弦的作曲家之一，而他也是一位非常嚴謹的創作者。巴哈的賦格曲幾乎完全沒有主旋律，而是由不同音調交織出一張錯綜複雜的音網，構成一個無比精巧的巨大謎題。〈賦格曲 C 小調〉（*Fugue in C-Minor*）完全是由四個聲部構成，每個聲部都以非常規的 16 分音符演奏，加上一個延長的持續音。這首賦格曲是根據所謂的「B-A-C-H 動機」（B-A-C-H motif）所做，用上了 B、A、C、H 這四個音名，因而得名。（通常通用音名是 C、D、E、F、G、A、B，不過有些國家用 H 代表 B）

　　我推薦你上網找個人們解魔術方塊的炫技影片來看，然後放首巴哈的賦格曲當配樂，你就會發現配樂跟影片搭配得天衣

無縫，就好像是賦格曲在導引影片中的人們，成功解開魔術方塊似的。

然而藝術體驗從何而來？這種情緒與邏輯的合成體，究竟有什麼作用？

幾年前在德國南部一處山洞裡，發現了一支 20 公分長、用鷹骨製成的長笛，被認為是已知人類所製最古老的樂器——根據科學分析顯示，這支長笛有 35,000 年的歷史。已知年代最久遠的山洞壁畫，大約也是落在同一個時期。看來，藝術創造力要早於人類多數認知能力的發展，甚至可一路追溯到人類演化的開端。我們從藝術中獲得的樂趣，和體驗藝術的需求，可能是源自於人類自古以來，必須與他人交流的生存需要。

大腦如何處理音樂？

神經生物學家一直試著想要了解，大腦為何會對音樂產生強烈的情感反應，甚至會起雞皮疙瘩。幾年前有項研究，要受測者從沒有歌詞的交響樂作品中，選出他們最喜愛的音樂段落。在播放音樂片段的同時，用 fMRI 掃描他們的大腦。掃描結果顯示，受測者大腦最活躍的區域是紋狀體。紋狀體位在大腦皮質下，並負責分泌多巴胺。多巴胺與我們在各類情況下產生的愉悅感有關，包括性行為及使用成癮性藥物帶來的短暫快感。

音樂影響心情的方式很有意思，而它也大大影響了我們的心智運作。我們喜歡聆聽結構相似的音樂片段，但是相似性不能太高，不然我們就會開始覺得無聊。若在熟悉、可預期的曲調中冒出意料之外的聲音，會為我們帶來極大的愉悅感。換句話說，我們需要先用熟悉的事物作為定錨點，才能在不熟悉的事物中得到樂趣。

增加生存優勢的意外驚喜

我們能夠從音樂與妙言趣談中獲得樂趣，靠的都是這個共通點：樂趣源自於預期與意外之間的反差。同樣的道理也適用於小說及電影中的扣人心弦段落。

在嬰兒發展的非常早期階段，就已出現「驚喜」這個情緒反應。僅僅數個月大的嬰兒，看到熟悉的人做出意想不到的事情時，會很容易就開懷大笑，而看到這種情景的我們也會深深被觸動。下面這個點閱數破億的 YouTube 影片，就是個很好的例子：

為什麼影片中的寶寶看到家人撕紙會這麼開心？因為撕紙對她來說，是意料之外的事。為什麼我們會感到驚喜？我們對於意外之事感到驚喜，會讓我們取得任何生存優勢嗎？答案是，我們主要是透過意外經驗，來學習認識我們身處的現實與社會環境。每一次的意外經驗，都會在大腦中植下重要知識，未來便可據此做出更佳的決策。

　　熟悉的經驗很快就會被遺忘得一乾二淨，這是好事，因為我們已經知道那些經驗提供的知識，而意外經驗可提供新的重要資訊。從意外經驗中得到的愉悅感，可驅使我們尋求意外經驗，對其存在格外留意，因而增長我們的見識，並提高生存機會。還有其他機制（如好奇心），也能促使我們學習，不過那些機制比較偏向於認知系統，因此反應會慢於音樂跟幽默引起的情緒機制。

　　不過我們還是需要熟悉的事物，才能從意外經驗中學到東西。我們永遠也無法從一個完全由意外構成的世界學到任何東西。那樣的世界既陌生又奇怪，我們無法把自己視為其中的一部分，也無法根據過去的事件預測未來。那就是為什麼根據我們不熟悉的節奏與音階譜成的音樂，會使我們覺得難以入耳；一部意外情境接連不斷的電影，也會讓觀眾看得既疲倦又納悶；一個陌生人對寶寶做出遮臉露臉把戲，試著讓寶寶感到驚喜，有時可能非但無法讓寶寶開懷大笑，反而會讓寶寶覺得焦慮，嚇得他放聲大哭。

IV　　論樂觀、悲觀與群體行為

他們寧願相信命運掌控在自己手上的幻覺，
也不願接受由無法掌控的抽籤結果，來決定自己的命運。

17
效用、風險趨避與負面思考

情緒的算術：1 加 1 小於 2，但減 1 再減 1，減幅會大於 2。

想像一下，有一天你發現自己中樂透，馬上就有 10 萬美元進帳，你一定覺得樂翻天了！過了一星期，你又買了張樂透，結果又中了 10 萬美元。再過一星期，又發生同樣的事。

邊際效用遞減法則

現在試著為你每次中獎的喜悅程度排序，你覺得哪一次會最開心？如果你猜第一次中獎感覺最開心，第二次跟第三次就沒那麼開心，那你跟大多數人一樣。你的直覺符合經濟學理論裡的一個基本假設：邊際效用遞減法則——你擁有的財富愈多，每多 1 美元（或是多 10 萬美元）能夠為你增加的福祉就愈少。邊際效用指我們的幸福感隨著財富增加（或減少）而增

加（或減少）的幅度。

邊際效用遞減法則相當符合我們平時看到的情況。手頭拮据的窮學生突然拿到 10 萬美元，對他的生活當然會有相當大的影響，也會使他感到十分開心。同樣的 10 萬美元給一個跟比爾‧蓋茲一樣富有的人，大概就不會產生同樣的效果，因為這對於他的財務狀況毫無影響，自然也不會讓他的心情產生任何變化。

情緒算術

壞消息對人的影響就不是那麼明顯。大多數的行為經濟學家都會說，丟掉兩次 1,000 美元的痛苦程度，會大於一次損失 2,000 美元。然而，很難證明這是否適用於更嚴重的負面事件，如摯愛離世或罹患疾病等。但多數經濟學家都傾向於認為情況確實如此。我們可以用一種偽算術來表達這種狀況：1 加 1 小於 2，但減 1 再減 1，減幅會大於 2。

這個情緒算術如何運作？到目前為止，幾乎沒有針對這個主題進行的科學研究。理論經濟學利用效用函數的概念，為這個問題提供了部分解答。效用函數把每個情況（「情況」可能是指一籃貨品、贏得一筆樂透彩金、罹患某種疾病，或是身體受傷）都配上一個數值，用來表示一個人對於不同情況的主觀情緒反應。

人類多是風險趨避者

數學家馮・諾伊曼（John von Neumann）以及經濟學家奧斯卡・摩根斯坦（Oskar Morgenstern），在 1944 年出版了《賽局論與經濟行為》（*The Theory of Games and Economic Behavior*），這是 20 世紀最具學術價值的書籍之一。[1] 諾伊曼以及摩根斯坦在本書研究了效用函數，其中有一項巧妙的研究結果指出，一個對於好消息邊際愉悅遞減的人，會採取風險趨避的行為。

風險趨避者如果可以在有風險的樂透，以及一筆等於樂透平均報酬的無風險現金之間做選擇，他一定會比較喜歡無風險的選項。比方說，你讓風險趨避者選擇要無風險地拿走 1,000 美元，還是拿一張有 50% 機率中 2,000 美元，50% 機率一無所獲的彩券，儘管樂透有機會中 2,000 美元，他還是寧願穩穩地拿 1,000 美元「落袋為安」。

人們大多是風險趨避者，那就是為什麼保險公司能夠賺錢的原因。我們大多數人只有在認為股票之類的風險投資，其平均報酬高於比較穩健的投資方式時，才會去投資股票。我們許多人確實也會偶爾買張樂透，或是到拉斯維加斯的賭場試試手氣，但是這種看似「尋求風險」的行為，通常只會牽涉到相對少量的金錢，而且會被歸類於娛樂，不能算是真正地承擔風險。（除非情況失控，變成沉溺賭博，我們會在本書稍後討論

這種狀況。）

鴿子實驗：動物如何面對風險？

　　我們對於風險抱持的態度，就演化觀點來看並非一目了然。有些動物對待風險的態度有別於人類。我的一位共同作者、優秀行為經濟學研究者約翰‧卡格爾（John Kagel），他的研究生涯就是從研究鴿子對待風險的態度開始。卡格爾跟一群研究者做實驗，在鴿子前面擺了幾個鴿子洞，每個鴿子洞裡都有數量不等的食物。[2] 有些鴿子洞的食物數量永遠一樣，有些則會隨著時間產生變化。每個鴿子洞的食物多寡都經過嚴格控制，平均而言食物量全都相等。比方說，倘若有個鴿子洞裡永遠都有 20 公克的葵花子，另一個鴿子洞就可能有 50% 的時間有 40 公克的葵花子，50% 的時間空無一物。

　　相較於食物量永遠一樣的鴿子洞，鴿子更喜歡食物量隨機變動的鴿子洞，與人類通常會展現出來的風險趨避行為相反。卡格爾認為人類與鴿子對待風險的態度之所以不同，可能是因為這兩個物種生活在不同環境所致。鴿子需要一個最低額度的食物量才能生存，比這個最低額度還要少的食物來源，對求生的鴿子來說沒有用處。鴿子在荒野中所碰到的固定食物來源，可能無法提供其最低額度所需，使得鴿子寧願冒險，希望能夠找到比生存所需更多的食物量。

成為風險趨避者的根本原因

　　人類的消費環境顯然跟鴿子大不相同。想想看你擁有某種商品的數量多寡，會對你的幸福感造成什麼影響？倘若你擁有的數量很少，多 1 單位會明顯提升你的幸福感，但倘若你已經擁有很多這種商品，你所能得到的幸福感就會大打折扣。這就是我們為什麼會變成風險趨避者的根本原因，這話怎麼說？

　　想像一下你有 5 顆蘋果，我跟你擲銅板對賭，擲出正面的話我再給你 5 顆蘋果，擲出反面的話你把 5 顆蘋果都給我。你若接受這個對賭，要嘛輸掉 5 顆蘋果，要嘛就多贏 5 顆蘋果。如果你就只有蘋果可以吃，輸掉 5 顆蘋果減損你幸福感的程度（你會因此挨餓），會比贏得 5 顆蘋果提升的幸福感還大（你多了 5 顆蘋果可以大快朵頤），因此與其跟我對賭，你還不如把手頭上的 5 顆蘋果留著就好。換句話說，風險趨避是人類的理性特徵，這正是為什麼我們幾乎總是會展現出這項特徵。

認知影響情緒

　　我們到目前為止，已經考量過情緒在同類型事件中發揮的作用，然而當我們考量性質相反的事件時，情況又會變得如何？中樂透加上一夜狂歡，對於情緒有何影響？當你得知自己升上重要職位，卻同時聽到一位密友突然去世的消息，情緒上

又該如何平衡？

　　幾乎沒什麼研究針對這些問題進行探討，我們對這個主題的了解，大多也只是間接得知。我們知道無論是正面事件還是負面事件，我們對於這些事件的認知強度，會對情緒反應造成相當大的影響。比方說倘若我們在短時間內，經歷了兩次正面但是不相同的事件，由於我們無法同時關心這兩個事件，通常我們會把注意力放在其中一件事上面，一般來說就是我們覺得比較重要的那件事。這會減低另一件事對情緒狀態的累加效果，使得我們的情緒反應接近於比較重要的那件事，所能引起的最大反應。在這種情況下的情緒算術，就不是把兩個愉悅的反應加起來那麼單純。同樣的情況也會發生在兩個負面事件。我們的認知注意力會放在比較糟糕的那件事，使得另一件事引起的情緒效應變得微不足道。

　　當一個正面事件跟一個負面事件同時發生時，情況就比較有趣了。在這種情況下，我們覺得哪一件事相對來說比較重要，大大決定了哪件事會主導我們的情緒狀態，然而不幸的是負面事件幾乎總是占上風。換句話說，如果要我們在好事、壞事同時發生時，把注意力放在好事上頭，那麼我們就必須認為好事比壞事重要得多。如果我們主觀上認為好事只比壞事重要一點點，我們仍會把注意力放在壞事上，這兩件事的淨情緒效應就會偏向負面。

　　臨床憂鬱症經常伴有的症狀是執著於負面思維，而把正向

思維幾乎完全屏除在外。我們再怎麼著重於負面思維，也不會像臨床憂鬱症患者那麼嚴重，然而不幸的是，每當牽扯到愉悅跟難過時，即使是身心最健全的人，也很容易就把重點放在難過的感覺上。

18
驕傲、自大與謙卑

「我什麼都不是，就連一顆塵土也比不上。」但也許，你不該這麼謙卑的，因為你沒那麼了不起。

就在膽大無畏的生物學研究者扎哈維努力建構缺陷原則的理論時，另一位經濟學家麥可・史彭斯（Michael Spence）也在鑽研一個類似的概念，最終讓他獲頒諾貝爾經濟學獎。這個概念叫做「市場訊號」（market signaling）。

史彭斯市場訊號模型

史彭斯起初想要了解，為什麼即使在很多時候，人們在大學裡攻讀的科目，無法讓他們獲得直接相關的工作技能，但他們在進入就業市場之前，仍然那麼努力地想要取得大學學位。[1] 史彭斯根據不同人具有不同智識才能，而這些才能是工作能否成功最重要的預測指標（比起他們所受的教育內容更重要），

提出他的解釋。

史彭斯假設具有優秀智識才能的人，比起沒他們那麼聰明的人，能夠更輕鬆地完成大學學業。一個人在求職時，他的學位可以顯示他受了多少教育，但不一定能夠反映他真正的智識能力。這導致一種市場狀況：有才能的人為了昭告世人他們有多優秀，在學校裡耗上好幾年。換句話說，他們選擇在正式教育體系裡待上好幾年，藉此對市場放出他們智識超群的「訊號」。

雇主很清楚這個訊號可作為員工智識才能的證據，因此學位就轉換成高薪。根據這個理論，智識不足的人若想取得高等教育學位，必須痛下苦功，代價超過他們刻意多花幾年念書，所能換取到的較高薪水。市場因此不用讓每個人都進行智力測驗，就得以辨別哪些人智識超群——高等教育體系間接幫所有人完成了這項工作。

史彭斯的市場訊號模型與缺陷原則之間，具有明確的關聯性。社會上的聰明人之所以接受念更多書的「重擔」（我有些學生真的覺得上課就是一種負擔），是因為他們知道那些弱者無法擔負起念書的重擔。

史彭斯的市場訊號模型這些年來大為擴展，如今被用來解釋許多不同的經濟現象。舉例來說，為什麼廠商願意為產品提供保固？因為只有能夠製造出高品質產品的廠商，才能夠承擔提供保固所帶來的費用風險。為什麼新創公司的創辦人，要把

自己的錢投資在高風險的事業中？因為他們願意投資自己的點子，顯示出他們對於最終會成功信心滿滿。

炫耀行為的背後

史彭斯的模型也能解釋許多社會行為，炫耀式消費就是其中一個例子：購買昂貴轎車、閃亮珠寶、在高檔俱樂部開派對，都是在對社交圈裡的每個人，直接發出你很有錢的訊號，同時間接地告訴他們你也很聰明、事業非常成功。無怪乎這個現象在俄羅斯以及前蘇聯成員國，比在西方國家更為普遍。在西方國家，炫耀財富並不是反映個人才能最可靠的訊號，因為那些財富有可能是好幾代累積繼承下來的。但是這種情形在俄羅斯不可能發生，因此一個在今天的俄羅斯家財萬貫的人，他的財富一定是靠他個人努力掙來的，炫耀財富是他展現才能的絕佳方式。

炫耀行為並不僅限於財富跟消費。學界人士通常對炫富沒什麼興趣（反正他們通常也沒那麼多錢），不過倒是有動機誇耀他們的學術成就。在這種情境下，炫耀行為會變成誇口自己出版了幾本書、發表了幾篇論文、收到卓越研討會邀請發表幾次演說。神職人員為了顯示自己的屬靈技巧（spiritual skill），指出自己有多少信徒、過去拯救過多少靈魂，也是出於完全一樣的心理（以及經濟因素）。

炫耀行為不是以表現誇耀的方式來界定，而是誇耀本身就是一種炫耀。18 世紀，東歐猶太社群出現了好幾個規模很小、離經叛道的彌賽亞教派，它們爭相展現自己願意以最極端的形式實踐教義。有個教派強調謙卑至上，如此方能表徵人在上主之前微不足道。這條座右銘用意第緒母語表示為：「Ich bin gur nicht」，意思是「我一文不值」。參加聚會的人在禱告時，都會輪流公開貶抑自己，不斷重複自己生而為人有多麼地渺小可悲。

有一天來了一位新信徒，這位又高又帥的男士剛從別的城鎮搬來。他在事前已被告知來了該怎麼做，所以在禱告一開始，他就極為浮誇地趴伏於地，扯開喉嚨大吼：「我只是上帝面前的一條蟲！我什麼都不是，就連一顆塵土也比不上！」他身邊兩個經常參加聚會的人，看到這精彩的一幕，不禁彼此交頭接耳：「欸，你看看！他早上才加入我們，現在已經覺得自己什麼也不是了！」

源自缺陷原則的謙卑力量

許多人類社會認為浮誇自大是人性弱點，謙卑居下很有力量，這乍看之下似乎有些矛盾。但謙卑的力量源自於缺陷原則：一個總是保持謙卑的人曖曖內含光，這似乎使他在社會競爭中處於下風，但這正是謙卑的力量所在。一個不喜賣弄的

人，傳達了他內涵深厚，因此不需要靠外在表現來取悅他人，不然就是他的社會地位已經很高，不需要再自我吹噓。

社會對於謙卑與自大的看法，與人們表現出這些特徵的頻率有關。在自大是常態的社會中，謙卑會被視為弱點；在謙卑是主流的社會中，吹噓自我形象的自大心理，會被視為不顧及他人的輕率行為。

我在幾年前首度造訪奧斯陸時，發現不同國家會有不同的社會態度。我跟招待我的人提到，即使是在奧斯陸城內最時髦的街區，街上也沒幾台昂貴的轎車。他們回答說雖然奧斯陸有錢人不少，但是很難辨別誰才是有錢人，拿高薪跟拿一般薪水的人，只差在銀行戶頭存款金額不同而已，他們的消費行為沒有辨別度可言。民眾態度普遍謙卑，但他們並不是為了要逃漏稅——就如同我們先前指出的，挪威的稅率雖然在全世界是數一數二的高，它卻也是世界上逃稅率最低的國家之一。

挪威人的謙卑精神，更深刻地展現在金錢跟消費行為之外的地方。我想要多了解接待我造訪奧斯陸的主人，他是一位善解人意又極富智識的奧斯陸大學經濟學教授，結果在他個人網頁的照片旁，看到這一段自述：

耶爾・亞奈・布列克（Kjell Arne Brekke）生於 1960 年 8 月。他雖然聰明卻沒什麼想像力，人很衝動，而且沒什麼生活情趣。他在學時對數學很拿手，但是人文社會科的表現欠佳。

他通常對於衣著不太講究，從他這張照片的襯衫沒有熨好可見一斑。不過，他的嗜好是彈奏爵士樂。

如果說自大是自信與力量的訊號，那麼就如同先前探討過的，謙卑可視為缺陷原則的一種形式。對於已經頗負聲望的人們來說，展現自我能夠得到的並不多，用謙卑來展現力量反而更有效。以色列唯一一位女性總理果爾達·梅爾（Golda Meir），就以政治不正確著稱。她在 1970 年代初期，曾經接待一位赴耶路撒冷發表談話的重要美國外交官。在他結束演說之後，梅爾總理的幾名顧問親耳聽到她跟他講悄悄話：「你不該這麼謙卑的，因為你沒那麼了不起。」

19
「那才不會發生在我身上」 症候群

大多數人在多數時候都會自欺欺人,以為我們比實際上更有能力。為什麼我們寧願相信命運完全掌控在自己手上的幻覺?

肯尼斯·阿羅(Kenneth Arrow)是公認奠定現代經濟學理論的大師之一。我跟他合辦耶路撒冷經濟學暑期學院長達 10 年之久,每年都吸引世界各地的頂尖研究者以及博士生前來參加。我因此有機會跟他進行相當多次的深度長談,很多時候都是在討論決策哲學。有一次他談到他在聆聽統計學家暨運籌學研究者梅里爾·弗勒德(Merrill M. Flood)的演講時,聽到的一個故事。

飛行員作戰難題

弗勒德的研究小組在二次大戰漫長的對日戰爭時,受命針對一個難題提出解決方案。美國軍方認為攻克距離東京大約

3,200 公里、當時被日本占領的塞班島，具有極為重要的戰略價值，因為美軍可在這座島嶼建造前進基地，為前往轟炸日本本土目標的轟炸機補充燃料。美軍計畫先派出精銳的空軍中隊，對盤踞在島上的日軍進行大規模轟炸，再派出陸戰隊搶灘登陸，直接占領該島。

計畫作戰行動的人估計，若要達成空中轟炸的目標，需要用上大量炸藥。若是降低炸藥量，每一位飛行員就必須多執行幾次轟炸任務，長途跋涉往返於機場與島嶼之間，而每次出任務都會讓飛行員暴露於被日軍防空炮或戰鬥機擊落的重大風險。另外很明顯地，轟炸機上裝載愈多炸彈，每次任務的效率就愈高，但這也會增加飛行員的風險，因為炸彈重量加上往返任務目標所需的燃料重量，會限制轟炸機閃避敵方炮火的能力。

美國空軍人員與弗勒德的研究小組合作，研究轟炸機承載的重量，與飛行員承擔的風險之間的確切關係。弗勒德的研究小組受命要算出丟在敵軍頭上的最佳炸彈量，同時把預期飛行員陣亡數降至最低。主要的難題在於：是要執行多次低風險的任務，還是執行少數幾次高風險的任務？

在經過幾天腦力激盪之後，研究小組得出達成作戰任務目標，又把預期飛行員陣亡總數降到最低的最佳方案。研究這個問題的全體研究員，一致同意他們提出的解決方案：出任務的飛行員先抽籤，選出其中四分之一的人，他們只出一次任務，

不過飛機能裝多少炸彈就裝多少。由於每架飛機都裝載最大量的炸彈，因此只需要四分之一的飛行員，就能完成整個任務。其餘四分之三的飛行員，什麼轟炸任務都不用出。

然而為了讓裝載了那麼多炸彈的飛機起飛，每架執行轟炸任務的飛機所攜帶的燃料，只夠單程飛到轟炸目標而已。換句話說，在這個計畫中由抽籤決定，飛越敵方領空卻沒帶足以返航燃料的飛行員，等於是出自殺任務，必死無疑。相反地，另外那四分之三的飛行員由於根本沒出任務，他們的死亡風險等於零。

計算結果確實顯示，這個計畫可使飛行中隊的整體風險降至最低。藉由抽籤選出讓哪些人去送死，意味著每個飛行員有75% 的生還率。研究小組提出的所有其他方案，都會使得每個飛行員的個別預期生還率大為降低。

然而飛行員們態度堅決，一致反對這項計畫。他們寧願均分裝載炸彈，多飛好幾趟任務，賭自己不會被敵方炮火擊落，也不願意抽籤決定誰能活、誰得死。幸好陸戰隊後來占領了距離東京僅約 1,000 公里遠的硫磺島，燃料與炸彈的重量取捨變得沒那麼重要，才結束了這段生死攸關的討論。

我跟學生講起這個故事時，他們通常會覺得研究小組提出的方案不公平、不道德，但他們的看法並不正確。這個方案確實在可預期的狀況下，達成了拯救最多人命的目標，而且非常公平，因為每個飛行員抽到執行自殺任務的機會都相等。事實

上，飛行員喜歡的方案反而比較不公平，因為那樣做並不會讓每個飛行員都具有相同的生還機會：技巧比較差的飛行員，或是在轟炸任務前一晚不得安眠的倒楣鬼，死亡風險比其他飛行員更高。

過度自信心理

我認為飛行員拒絕接受研究小組提出的方案，是出於心理學跟經濟學文獻裡研究頗多的一個現象：過度自信心理。我們大多數人在多數時候都會自欺欺人，以為我們比實際上更有能力——這就是著名的「那才不會發生在我身上」症候群，每次我們聽說某人失敗時，都會產生這種心態。你如果不覺得自己有這種心態，可以跟一小群朋友或同事進行下面這個簡單的實驗：

選一個像是駕駛或是烹飪之類，有些人會比別人更在行的技巧，然後用這個問題來讓這一小群人給自己的能力評分：你認為團體中大多數人的這項能力，比你好還是比你差？如果可以的話，你可以多問幾項技能。

你蒐集完大家的答案之後，會很驚訝地發現絕大多數的人（甚至可能是所有的人），都聲稱自己的能力在團體中名列前茅，也就是他或她比團體中大多數的人都來得厲害。在這種情況下，團體中有些人一定會展現出過度自信感。然而按照定

義，一個團體中，絕對不可能絕大多數的人都名列前茅。

故事中的二戰飛行員，似乎也出現了過度自信現象。每個飛行員都認為他的個人飛行技巧，比起中隊其他人更為優秀，使他面對敵軍的生還率高於 75％。即使專家已經算出光是飛機上裝載的炸彈重量，就嚴重限制了飛機閃躲炮火的能力，因此每次任務的成敗幾乎完全取決於機率而非技巧，然而每個飛行員還是寧願相信「那才不會發生在我身上」的直覺。那就是為什麼他們寧願相信命運掌控在自己手上的幻覺，也不願接受由無法掌控的抽籤結果，來決定自己的命運。

倘若飛行員採用他們比較喜歡的方式，全員出動執行轟炸任務，我相信他們把自身技巧高估到什麼程度，以及研究小組的專家結論有多麼正確，就會表露無遺了。對於所有牽涉其中的人來說，幸好出現了讓美軍轟炸機飛往日本途中，能夠補充燃料的替代選項，因此原定執行的轟炸任務，在出發之前幾個小時取消。

投資心理學

加州大學哈斯商學院教授泰倫斯・歐迪恩（Terrance Odean）以及加州大學戴維斯分校財金學教授布萊德・巴伯（Brad Barber），在 2000 年針對過度自信心理及其效應，進行了一項很有意思的研究。[1] 他們研究股市投資人好幾年，重

點放在他們賣掉 A 股票，用交割款項購買同價格 B 股票的特定決策。理性的投資人只有在他或她預測 B 股票的績效會超越 A 股票時，才會進行這樣的交易。然而根據歐迪恩與巴伯的資料顯示，平均來說這種交易會導致 3% 的損失。換句話說，投資人不但沒能藉由買賣股票，達到投資組合的平均利潤，實際上反而還賠錢。如果把交易費用以及其他間接成本納入計算，累積下來的損失更大。他們的研究指出，過度自信會導致投資人交易頻繁，因而拖累投資績效，導致「交易損害你的財富」。這就是為什麼許多投資顧問建議人們，投資指數型基金而非個股，並離那些對自己預測未來股價能力過於自信的投資經理人遠一點。

幾年前有一家以色列報社，邀請五位專業投資經理人參加投資比賽。他們給每位投資人一大筆虛擬金錢，用來進行 6 個月的交易投資。除了這五位真人投資人以外，還有第六位報社稱為「猴子」的參賽者。「猴子」實際上是一套電腦演算法，它在比賽開始時隨機選股投資，之後就一直持有這個隨機投資組合直到最後。

半年過後，所有參賽者的投資報酬依序排列，「猴子」名列第二，勝過四位專業投資經理人。對於那些自認是股市專家、利用精選的投資組合賺高薪的人來說，這結果無疑令他們臉上無光。「猴子」之所以能夠成功，似乎主要是因為它沒有頻繁買賣股票的緣故。

精準預測：貝氏定理

我們並非生來就過度自信，而是後天學來的習氣。當我們在不確定的情境下做決定時，必須要估計每個可能結果的發生機率，比方說我們認為一檔股票的股價漲跌機率各是多少，就會影響我們決定是否要買進；我們預估明天的下雨機率是多少，會影響我們決定是否要帶把傘出門；我們預估發生大地震的機率是多少，會影響我們決定是否要購買地震險。

我們在生活歷程中會得到一些線索，照說可讓我們據此修正對某些事件發生機率的預測。把過去的事件納入考量之後，修正後的機率就會增添或減低我們認為那些事件會發生的信心。比方說，假設房間裡有兩個小甕，每個甕裡都有 100 枚硬幣，其中一個甕裡有 50 枚金幣跟 50 枚銅幣，另一個甕裡則有 75 枚金幣跟 25 枚銅幣。倘若有個人用丟銅板的方式，隨機選一個甕給你，然後要你猜你拿到比較好、裝了 75 枚金幣的甕的機率是多少，你應該可以正確回答是 50%。

現在想像一下，你可以從甕裡隨機拿出一枚錢幣，看一眼再放回去。倘若你拿出來的是金幣，你還會堅持你拿到想拿的甕的機率是 50% 嗎？當然不會！因為你剛得到一條線索（不過只是線索，並非證據），指出這是比較棒的甕，你會據此調整你的想法。

以 18 世紀數學家托馬斯・貝葉斯（Thomas Bayes）命名

的貝氏定理，就是一條用在納入新資訊後，來更新先驗機率的精確數學公式。在這個範例中，當你隨機拿出的是一枚金幣時，我們可以用貝氏定理得出，你拿到好甕的機率提升到60％。倘若你再隨機拿出一枚錢幣再放回去，結果拿到的又是金幣，那麼預估的機率就會再次提升。但是你每拿到一枚銅幣，這條線索就會降低你拿到好甕的預估機率。倘若甕裡的錢幣混合得很均勻，在取樣夠多次的情況下，預估機率就會非常接近於 100％ 或 0％。無論是哪種情況，你都幾乎可以確定擺在你眼前的是哪個甕。

自我認知的背後機制

說到這裡，讀者可能會想問這一切跟自信有何關聯，答案是：我們永遠也無法確知，自己的某項技能是優於平均還是劣於平均。就這個觀點來說，我們對於自身能力的認識，跟我們對於甕中取幣的認識很類似。我們在日常生活中，都會得到關於自身能力的線索，那些線索就好比從甕裡拿硬幣。

比方說，我們每次下廚，都會得到一次線索，告訴我們自己的廚藝如何。要是我們把為另一半準備的炒蛋給炒焦了，就得到一條負面線索（相當於從甕裡拿到一枚銅幣），我們就該據此調降預測，不要覺得自己的廚藝水準在平均之上。相反地，如果我們招待客人享用一頓自己煮的大餐，客人連餐盤上

的醬汁都舔得一乾二淨，就得到一條正面線索（相當於從甕裡拿到一枚金幣）。同樣的道理也可以用來評估我們是否具備拍出好照片、選擇良好金融投資計畫、與他人建立密切社交關係的能力。我們靠生活中得到的線索給每項技能評分，評估我們優於平均或劣於平均的機率。當然，我們通常不會直接把貝氏定理拿來應用在日常生活中，而是倚賴記憶與直覺——每一條線索都儲存在我們的記憶中，一點一滴改變我們的想法。很多時候，我們的直覺經過一再更新修正所得出來的結論，跟貝氏定理的結果相當接近。

自我感覺良好的正向錯覺

　　一路讀到這裡的你，一定會想問：那麼是哪裡出了問題？你為什麼要說我們過度自信呢？答案是，只要我們不是在評估自己，調整看法的能力就還算不錯，然而一旦牽扯到要評估自己，我們就會開始偏袒自己而不自知。貝氏定理要求對於正面跟負面線索要一視同仁，但是我們的認知跟情緒系統卻拒絕這樣做。請再想一下自我評估烹飪技巧的例子，我們大多數人都會特別強調做出一桌好菜的成功案例，把失手燒焦的失敗作品拋諸腦後。

　　經濟學家葛尼奇、妮德勒以及魯斯提齊尼針對這個現象合寫了一篇論文。他們進行了一項非常有說服力的實驗，要受測

學生解答相對簡單謎題的同時，不斷重新評估自己的解謎能力。[2] 結果這些學生相當一貫地拒絕把失敗跟成功等而視之，因此往往高估自己的解謎能力。這些學生在實驗中除了要評估自己的解謎能力之外，也要對自己能夠解開下一道謎題的機率下注，結果過度自信心態使得他們平均而言會賭輸錢。

研究者目前還不是很清楚我們為什麼會高估自己，不過我們可以合理推測，情緒是造成這種現象的主要原因。我們對於成敗的反應主要是情緒使然，並伴隨著開心或失望的感受。我們的情緒反應可能會受到在生活中，能夠記住多少線索的能力所影響——我們的選擇性記憶會強調生活中的正面事件，同時淡化那些負面記憶。

過度自信的三大優勢

能從過去經驗中學習，無疑是確保人類得以生存的重要因素。想像一下倘若史前人類無法從狩獵失敗中學到教訓，老是回到同一塊林中空地，讓追蹤的獵物溜進樹林裡，會產生什麼樣的下場。但既然如此，為什麼演化沒有讓我們具備有效評估自我，免於受到過度自信所害的能力？

答案是，我們過度自信傾向雖然有害，但也有幾個相當重要的優點。首先，自信心扮演類似孔雀尾巴的角色，可以在許多社會互動中提升我們的「市場價值」，其中也包括就演化觀

點來說最重要的互動關係——繁衍。

再者，過度自信也能讓個體在競爭資源與領域時占有優勢，因為展現自信可嚇阻對手。就如同在均衡狀態中，只有真實不虛的個人情緒狀態，才能有效影響他人，裝出來的自信心也不像真正的自信那麼有效。你若想要說服他人你能力很強，最好是自己打從心底這麼相信。

過度自信還有第三個優點：它可以鼓勵樂觀情緒，甚至會有點過度樂觀。樂觀促進行動，行動有益生存，因此樂觀也有益於生存。想像一下有兩位史前獵人，一位有點樂觀，另一位有點悲觀，樂觀的獵人每天早上醒來，都很熱切地抓起狩獵工具，深信今天就是他獵殺到平原上最肥美水牛的日子。相反地，悲觀的獵人每天早上該起床時，卻把他那件鹿皮毯子裏得更緊，一邊還喃喃地評論那位樂觀的夥伴有多愚蠢：「那個被樂觀沖昏頭的傢伙難道不知道，他可能整天忙著在山頭上竄來竄去，揮舞著磨尖的長矛，到了日落卻仍然空手而歸，什麼也沒得炫耀嗎？」不用猜也知道這兩位獵人，誰比較有機會獵到水牛回家。

心理狀態與性別所致的評估差異

有一項發表於 1989 年，研究範圍相當廣泛的精神病學研究，比較了心理健康的人們與臨床憂鬱症患者所做的機率評

估。[3] 這項研究要求這兩組人評估，他們會經歷生病、意外受傷、失業等等壞事的機率，也要評估會經歷覓到人生伴侶、中樂透等等好事的機率。

研究者比較這兩組人對於每個事件所給出的答案，以及那些事件的真實客觀機率，結果發現臨床憂鬱症患者（他們通常相當悲觀）比起心理健康的人，對於好事跟壞事發生機率的評估更準確——憂鬱症似乎會讓你變得更務實。儘管如此，卻難以斷言這種憂鬱造成的務實，能夠帶來多大的生存優勢。實際上恰恰相反，心理比較健康的人，因為懷抱著不切實際的幻想，日子反而比較好過，而提高我們的生存機率（只要那些美麗的幻想不要太偏離現實）。過分自信可能會造成致命後果。

經濟學家妮德勒與維絲特倫德做了另一項有意思的研究，比較男女的自信差異。[4] 跟一般看法相反，男人並沒有比女人更有自信，兩性都有相同的過度自信傾向。不過男女在獲得線索之後，更新其自我評估的方式，卻有顯著的不同。男人一般來說比較擅長根據自己的能力，更新相關事件的機率。他們對於正面跟負面線索都會相當留意，也比較會據此調整先前的評估。相反地，女人的自我評估比較穩定（無論是高估還是低估），成敗對其自我評估影響不大。

這些自我評估的性別差異可能有演化成分，不過就算演化成分不大，社會互動也會把這差異放大。在婚配市場中，每個人都想把跟性別最有關係的特色表現出來，女人會強調其女性

魅力，男人則會展現其男性氣概。大多數人類之間的性吸引作用，跟其他高等動物相當類似，每個個體都在尋找異性特質多多益善的伴侶。

有個關於傳奇投資人華倫・巴菲特的故事，說他有一天開車行駛於波士頓附近的 1 號公路上時，接到太太打來的電話。「華倫，開車小心點。」他太太說。「我剛剛在廣播上聽到，有個白痴在 1 號公路上逆向行駛。」

「親愛的，」巴菲特回道，「我希望路上只有一個白痴。我看到有幾十輛車都在逆向啦！」

巴菲特在這則笑話中，展現出超乎尋常的過度自信，同時也顯現他不循常規、拒絕臣服於社會成規的精神。然而，我們會在下一章發現，儘管我們有過度自信的傾向，但我們的行為舉止通常都相當循規蹈矩。

20
從眾心理學

從眾效應形塑了同質性高的思想與行為。每個人就算本意良善，仍會以錯誤的方式，影響他身邊的人。

　　我跟朋友在高檔餐廳共進晚餐時，偶爾會注意到一個特別的行為現象：我們仔細研究了菜單上的每道菜色，甚至還討論想點什麼、不想點什麼之後，便到了做決定的時刻。倘若我很倒楣，服務生第一個找我點餐，我會試著以堅決的態度，做個大膽的選擇。

　　等到服務生詢問第二個人想點什麼時，我會以一種同情的眼光看著他。但是到了第三個人點餐時，我會開始覺得苗頭不對勁，等到第四個人點餐時，我真的會開始汗流浹背。在那之後我甚至已經懶得去聽其他人點了什麼，因為我知道我做了一個大錯特錯的決定，而我無能為力，只能坐立難安地等服務生點完餐離開，然後很弱地跟朋友道歉，再跑去廚房更改餐點內容。

如果你也有類似的經驗，甚至緊張到臉色發白，你一點也不孤單。

從眾心理

每當有人要我們跟別人針對同一個問題同時做決定，或是在他們之後做決定，我們的過度自信就會在頃刻間煙消雲散。那是我們最容易人云亦云、隨波逐流，面對主流意見立刻放棄自己想法的時候。

我們這種人云亦云的傾向，並不一定跟自信傾向互相矛盾。自信與我們對於自身能力的主觀判斷有關，而我們人云亦云的傾向，通常是因為資訊處理有誤所致，有時候則是源自於害怕被視為異類。

從眾行為在各種社會情境中都具有重要意涵，有數百篇研究針對經濟學、財務金融學以及心理學的從眾效應進行探討。從眾效應造成多次金融市場崩盤（但並非完全是它造成的），對於崩盤之前的泡沫化也難辭其咎。這也是許多錯誤的汙名化印象，那麼容易散播出去的原因（比方說「如果我認識的人都不雇用身心障礙人士，那麼我最好也不要雇用那種人」）。從眾效應形塑了同質性高的思想與行為，從而抑制社會創意與創新。然而從眾行為最糟糕的影響在於，它會以一種動態的過程，導致非常多人做出錯誤決定，每個人就算本意良善，仍會

以錯誤的方式，影響他身邊的人。

有意識的從眾

　　想像一下你在西班牙馬拉加市度假，想要找個好地方吃午餐。在筋疲力盡找了 1 小時之後，又餓又累的你決定不管怎樣，碰到下一間餐館就走進去。過了 1 分鐘之後，你發現眼前出現兩間相鄰的餐廳，一間高朋滿座，幾乎看不到有空桌，另一間卻門可羅雀，你會選擇進去哪一間餐廳可想而知。研究者對於你選擇走進人滿為患那間餐廳的決定意見分歧，有人認為這是有效率的資訊處理結果，有人則覺得這是一群對於餐廳好壞沒有頭緒的群眾，引導你做出錯誤的決定。

　　我們繼續用這個範例說明，為什麼即使每個人的行為都完全理性，從眾行為還是會發生。每個人的行為都完全理性，意味著每個人都滿足下列條件：

　　1. 每個人都有自己的消息來源，他們據此做出正確決定。

　　2. 每個人都完全知道該如何利用機率模型，運算能力也不受限制。

　　3. 每個人都在追求讓自己的效用最大化。

即使在這些完美的理性條件之下，從眾效應仍然完全有可能讓每個人都走進比較糟糕的那間餐廳。

我們姑且把這兩間餐廳，一間叫做薩爾瓦多，另一間叫做艾多雷羅，再假設薩爾瓦多比艾多雷羅更棒。現在假設某天有100 名觀光客，要決定是要在薩爾瓦多還是艾多雷羅用餐。在這些假設下，我接下來要敘述一種狀況，會讓這 100 名觀光客在完全理性、機關算盡的情況下，全都選擇走進艾多雷羅用餐。

假設每個觀光客在抵達馬拉加之前，都查過一些城裡餐廳的資訊。這些資訊並不足以確定這兩間餐廳哪一間比較好，不過我們假設每個觀光客都比較喜歡薩爾瓦多一點，比方說他們都覺得薩爾瓦多有 51％ 的機率是比較好的餐廳，艾多雷羅只有 49％ 的機率是比較好的餐廳（這是有可能的，比方說有一本大受歡迎的旅遊指南書，指出薩爾瓦多曾經在米其林餐廳評鑑中名列前茅）。

這些觀光客抵達馬拉加之後，得到另一條關於這些餐廳相對品質的線索，比方說有朋友寫電子郵件推薦、看到網站排名，或是旅館櫃台人員推薦等。既然薩爾瓦多確實比較好，我們可以合理假設，會有更多的正面線索指出，薩爾瓦多比艾多雷羅更棒。然而這些推薦帶有一些隨機成分，比方說觀光客收到朋友的電子郵件，而那位朋友正好曾在艾多雷羅用過餐，喜歡那裡的菜色。畢竟艾多雷羅也不是什麼地雷餐廳，只是沒有

薩爾瓦多那麼棒而已。

　　每個觀光客根據收到的新資訊，利用前一章提過的貝氏定理，更新他對於這兩間餐廳相對品質的機率評估。還記得我們假設所有的觀光客不但都很理性，而且還都是機率理論的專家嗎？我們進一步假設所有的線索都夠清楚，在資訊更新之後，每個觀光客都更有自信地認為，自己知道哪間餐廳真的比較棒。既然每個人都是理性的，觀光客如果只接收到一條關於某間餐廳的正面線索，但是接受到兩條關於另一間餐廳的正面線索，他會更新自己對於這兩間餐廳的預期，認為有兩條正面線索的那間餐廳，實際上品質更佳的機率比較高。

　　現在我們言歸正傳，想像一下這 100 名觀光客在上午 11 點 59 分，全都站在這兩間餐廳外頭排隊，等待正午時分開門營業。每個觀光客都有收到一條關於某間餐廳不錯的線索，而排在隊伍頭兩名的觀光客，得到的是艾多雷羅比較棒的線索。要知道有些觀光客得到的是推薦艾多雷羅的線索，排隊的頭兩名正好都是慕名而來的也不奇怪。

　　到了正午時分，這兩間餐廳開門營業，服務生都很期待中午的用餐人潮湧入。在排隊的每個觀光客都以全然的理性，決定他要在哪裡用餐。排隊排在第一位的觀光客，根據他到目前為止所得到關於艾多雷羅的正面線索，很自然地就選擇了在艾多雷羅用餐。第二位觀光客也是如此。

　　那麼第三位觀光客呢？我們假設在中午之前她得到一條線

索，說薩爾瓦多比較棒。然而她剛剛才看到了兩個排在她前面的人，選擇到艾多雷羅用餐，因而推測他們得到艾多雷羅比較優的線索，而這顯然跟她先前得到的線索不同。她把這項新資訊納入決策考量，發現現在有兩條線索說艾多雷羅比較讚（因為排在她前面的兩個人都選擇了艾多雷羅），卻只有一條她先前得到的線索說薩爾瓦多比較棒。兩票對一票，艾多雷羅勝出，因此第三位觀光客推翻她個人先前獲得的線索，立刻走進艾多雷羅用餐。

第四位觀光客的處境跟第三位很接近。他知道他無法從第三位觀光客的行為，得到任何真正線索，因為她選擇艾多雷羅與她得到的線索無關，但他倒是知道前兩位觀光客，確實有得到關於艾多雷羅的正面線索。在他看來，這也已經表示艾多雷羅的正面線索比薩爾瓦多更多，因此他也直接走進艾多雷羅用餐。

任何人到這裡應該都看得出來，這群等著吃午餐的觀光客會怎麼做了。每個觀光客都會根據排在隊伍頭兩名觀光客的選擇（其他人的選擇無關緊要，因為他們也是根據頭兩名觀光客的選擇而做出選擇），利用跟第三位觀光客一樣的推論，選擇在艾多雷羅而不是在薩爾瓦多用餐。可憐的薩爾瓦多老闆雖然真的非常努力，做出比艾多雷羅還要棒的餐點，卻落得一整個下午枯坐在空蕩蕩的餐廳裡，哀傷地看著對手艾多雷羅被鎮上所有的觀光客擠爆。

我方才說的這個故事，根據的是加州大學洛杉磯分校的三位財金學教授，於 1992 年所發表一篇論文裡的數學模型。[1]那篇論文的作者聲稱，從眾行為就如同他們的模型所述，一般是由最嚴謹的理性思維所致，而不是出於心理上想要隨波逐流，或是欠缺自信的緣故。這項觀察（完全理性仍會導致從眾行為）很巧妙，但有些牽強。這真的就是導致從眾行為的原因嗎？

從眾效應的威力有多大？

　　為了回答這個問題，我跟三位來自德國馬克斯‧普朗克研究院、法國巴黎大學及亞伯丁大學的同事，進行了一項研究。研究內容為引起從眾行為的實驗室實驗。[2]我們沒有要實驗的受測者選擇在哪間餐廳用餐，而是用前一章提過的甕來進行實驗。

　　我們在兩個甕裡塞滿了球，每個甕 100 顆，第一個甕裡有 50 顆紅球跟 50 顆黑球，第二個甕裡有 25 顆紅球跟 75 顆黑球。我們告訴受測者第一個 50-50 的甕有 51% 的機率被選中，第二個 25-75 的甕有 49% 的機率被選中。我們還告訴受測者如果他們猜中選上的是哪個甕，就會得到獎金。每位受測者會有一次機會，可以祕密地隨機從甕裡拿顆球，看一下顏色，然後再放回甕裡。接下來受測者就要當著所有參與實驗的

受測者面前，宣布他或她猜測是哪個甕被選中（請注意，「當眾宣布」這個舉動相當於先前故事裡的選餐廳，而正確猜中是哪個甕，則相當於正確選中比較棒的餐廳）。

一如預期地，我們在實驗室裡成功製造出相當顯著的從眾行為。從眾效應通常是在 9 個人裡面，有 3 至 4 個人做出同樣的猜測時開始形成，也就是在前三位受測者公開宣布他們相同的猜測之後，剩下來的 6 個人無論從甕裡抽出什麼顏色的球，也會做出同樣的猜測。

我們在實驗的第二階段，小心地檢驗加州大學洛杉磯分校的三位教授為從眾行為所提出的解釋，是否站得住腳。請注意他們提出的解釋有個至關重要的假設：在頭兩位觀光客做出同樣的選擇後，剩下來的所有群眾都會照做，但是他們都很清楚自己只是根據頭兩位觀光客的行為，而不是根據其他所有人的行為，做出自己的決定。換句話說，看到前面 99 個人都走進艾多雷羅的第 100 位觀光客，他認為艾多雷羅比較棒的信心程度，跟只看見兩個人選擇艾多雷羅的第三位觀光客一樣高，因為他們都只根據頭兩位觀光客的選擇，做出自己的決定。

這看起來不太寫實。倘若這是真實情況，就表示假設我們讓第 100 位觀光客得到的線索，比頭兩位觀光客得到的線索多，他即使看到排在他前面的 97 位觀光客做出不同選擇，他還是會只根據自己得到的線索做選擇（因為他除了排在最前面的頭兩位觀光客以外，完全無視於其他人的行為）。為了測試

這些假設是否成立，我們在實驗中也做了相同的事：我們挑選了一些受測者，在發展出從眾行為前的許多時間點，讓他們得到遠多於其他人關於被選出的甕的線索。

倘若加州大學洛杉磯分校那幾位教授的解釋正確無誤，那麼這些受測者無論目睹多麼強烈的從眾行為，應該都會一直遵循他們所得到的線索，然而情況卻並非如此。當從眾行為才剛開始醞釀，只有少數受測者做出同樣的猜測時，那些私下獲得額外線索的受測者，確實比較會依循那些線索，而不是人云亦云。不過一旦從眾行為聚集了強勁的動能，受測者就會無視他們私下獲得的線索，一如預期地加入群眾行列。我們的結論是，加州大學洛杉磯分校教授對於從眾效應的解釋，禁不起詳細檢驗。從眾行為比他們模型預測的更為穩定、更不容易被動搖，也無法用純粹物質理性架構加以解釋。

為何演變成從眾行為？

我們沒有道理認為從眾行為有個主導性的解釋，從眾現象是在什麼情況下發展而成才是重點。即使像是不動產泡沫化或是股市崩盤等等現象，也是有好幾股力量在發揮作用。股市進入下跌趨勢時，我們通常會急忙拋售股票，理由至少有兩個：股價下跌可能反映市場基本面變差了，於是我們對於股票獲利性的預期也會隨之下降。不過就算我們完全確知，股價下跌只

是因為投資人不理性地陷入恐慌，市場基本面仍然強勁穩定，我們還是會覺得盡快出清股票完全合理，因為每個人都在拋售股票，我們持有股票愈久，它就會變得愈來愈沒有價值。換句話說，很有可能每個人在理性上都知道，拋售股票、退出市場並不合理，然而每個人還是照賣不誤，因為他們預期其他人也都會這樣做。

事實上大多數的金融危機，都是這種自我應驗的預期造成的。正是在這樣的情況下，政府干預可以最有效地重建市場信心與合作，減少投資人想要逃離市場的恐懼感。這就是為什麼許多政府為銀行帳戶提供存款保險，因為若是沒有存款保險，銀行三不五時就會出現擠兌情況。

相反地，許多時候之所以會演變成從眾行為，是因為人們有種想要加入某些團體的欲望。在社會中迅速散播的服裝時尚、藝術風格甚至意識形態，都是這種現象的範例。在這些情況下，蒐集資訊並藉此更新機率的方法沒有用武之地，人們只是想要被其他人認可而已。許多從眾行為源自於先前章節裡，探討過的集體情緒類型。

同儕效應

還有另外一種在經濟學文獻裡探討過的「同儕效應」，雖然不被認為是從眾行為，卻肯定與從眾行為有關。同儕效應發

生時，同事跟同學會仿效彼此的行為。達特茅斯學院經濟學家布魯斯‧薩格多泰（Bruce Sacerdote），在 2001 年發表一篇研究，探討同儕如何影響學生在大學學業上花費的時間與精力。[3] 來自各種背景、主修各異的學生，兩人一間被分配到學生宿舍裡。誰跟誰會成為室友完全是隨機決定，學生對於室友是誰，完全沒有決定權或影響力。儘管如此，到了學年結束時，宿舍室友的學業成績卻出現了高度相關性。這項研究的結論認為，這種相關性是室友們互相影響所造成的結果。一個認真向學、花時間念書的學生，似乎也會影響到他或她的室友。

有好幾項研究發現，工作同事之間也會出現類似的現象。不過上班族有動機要讓同事努力投入工作，因為同事工作愈認真，上班場所就愈有成功氛圍，這對所有員工都有利。但要解釋背景各異、主修不同的學生，為什麼也會受到同儕效應影響而願意用功讀書，就比較不容易。有可能人類本來就有學習他人行為的傾向，不過這個現象也可能源自於競爭關係。

機率思考的困難 vs 捷思法

從眾現象五花八門，最簡單也最普遍的解釋，其實要回到本書在 92 頁及 104 頁曾探討過的，關於規則理性與行為理性的區別。正確處理資訊是一項相當難達成的工作，就連專家也經常未能做到這點。要說明正確透過機率推論做決策有多麼困

難，請思考一下下列三則從科學期刊上摘錄的故事：

1. 大腦研究領域的頂尖期刊之一《自然神經科學》（*Nature Neuroscience*），在 2011 年刊登了一篇論文，探討神經科學家在計算機率時，犯了多少常見的錯誤。論文作者檢視了在兩年期間，513 篇發表於頂尖大腦研究期刊的論文[4]，發現有 157 篇在計算機率時有出錯可能的論文中，有半數論文真的有出錯，損及它們所得出結論的說服力。

2. 諾貝爾經濟學獎得主康納曼，跟與他長期合作的阿莫斯·特沃斯基（Amos Tversky），做了一項令人印象深刻的實驗，探討內科醫生在做決策時，進行機率計算的能力。[5] 康納曼跟特沃斯基的這項簡單實驗以美國頂尖醫院的實習醫生為受測者，他們拿到關於癌症病人在最初診斷出癌症後，分別進行開刀手術或放射治療，5 年內的真實死亡率數據。實驗裡的實習醫生分成兩組，他們得到的是完全一樣的資料，但是表達的方式不同：一組被告知癌症病患在 5 年內的死亡率，另一組則被告知癌症病患在 5 年內的存活率。比方說倘若有一組受測者，被告知病患接受手術治療之後，5 年內有 60% 死亡，那麼另一組受測者則會被告知病患接受手術治療之後，5 年內有 40% 存活。顯然這兩種說法指的都是同一回事，然而這兩組實習醫生卻因為資料呈現方式不同，給出了南轅北轍的意見。

3. 康納曼的學生瑪雅・芭希萊（Maya Bar-Hillel），也進行了一項有意思的實驗。她用以色列資深法官作為受測者，研究他們有多麼了解機率原理。由於以色列的司法體系跟所有西方國家一樣，證據要達到「超越合理懷疑」的標準才足以採信，芭希萊想要確認法官認為怎樣才算是「超越合理懷疑」，以及他們是否會正確採用他們信誓旦旦、遵循不渝的標準。為了達到研究目的，她讓法官看一些例證，要他們判斷這些例證是否滿足「超越合理懷疑」的要求。

下面是芭希萊在這項研究中提出的例證之一，只是表述方式略有不同：一位汽車駕駛人向法院申請審核他收到的一張違停罰單，他那時把車停在一個最長只能連續停 1 小時的地方。有位交通管理員作證說，他在一個半小時之內，兩次看到那台車停在同樣的位置。汽車駕駛人辯駁說，他把車停在那裡 45 分鐘，然後移車，過了 15 分鐘之後再回到同樣的停車位，因此並沒有在同樣的位置連續停車超過 1 小時。

交通管理員反駁說，他對於汽車所在位置會進行詳細監控，他兩次看到停在同一個位置的那輛車時，都有把車子四個輪胎的氣壓閥位置，用東南西北的方向記錄下來，而這輛車兩次的氣壓閥位置都一樣。從這項觀察可以得知，「先移過車再回到同樣的停車位置，而四個氣壓閥的位置竟完全相同」的說法並不合理。大多數法官也認同這個看法，他們說倘若只有一個輪胎的氣壓閥位置一樣，他們就不太會接受這項證據，但倘

若四個輪胎都出現這個現象，那就很有說服力了。

　　只有少數幾位法官有發現到，倘若一個輪胎的氣壓閥回復到原先的位置，那麼所有輪胎的氣壓閥，也都會回復到原先的位置。事實上，氣壓閥在完全隨機的情況下，回復到原先位置的機率是 12.5％，因此汽車駕駛人真的有移車，後來又回到原地停車，其實還算合理。

　　由於我們在需要計算複雜機率時，通常無法做出有效率的決策，我們往往會改採捷思推論。雖然認為「多數必然正確」的捷思法是簡單的認知捷徑，但是在許多現實生活情境中仍蠻管用的。順著這個思路形成從眾行為，說來雖然有點不幸，但終究還是個可以接受的副作用。

21
1 ＋ 1 ＞ 2 的團隊精神

當身邊的人都在認真工作，也會提升自己想要認真工作的動機。會對工作行為產生影響的不只是金錢激勵，社會激勵也扮演重要的角色。

　　職場行為是經濟學（尤其是行為經濟學）一個非常重要的研究主題，我自己這幾年就對這個主題投注了相當多的心思。這個主題之所以重要，有個很基本的原因在於，人力成本幾乎是每間公司占比最高的生產要素：各公司以及組織花在人力資源上的費用，超過所有其他開支。妥善規劃工作場所的激勵結構，是人力資源經濟學的主要研究項目之一，因為這樣做不但可以大幅節省不必要的費用，更重要的是還可以直接提升產量與利潤。

鹹魚翻身的大陸航空

　　策略管理學者馬克・克奈茲（Marc Knez）與鄧肯・西邁

斯特（Duncan Simester）有一篇論文，詳述美國大陸航空如何在 1992 年到 1997 年間，運用正確的激勵系統，創造鹹魚翻身的奇蹟，堪稱業界典範。[1] 大陸航空在 1990 年代初期，發生非常嚴重的財務危機，該公司在 1992 年認列 1 億 2,500 萬美元的損失。公司內部進行稽核，發現飛機起降誤點，是造成公司巨大損失的主因。但是情況繼續失控惡化，1993 年損失達 1 億 9,900 萬美元，1994 年更是高達 6 億 1,900 萬美元。這種財務大失血的情況當然不可能無限持續下去，大陸航空很快就瀕臨破產邊緣。

大陸航空的管理階層正確地推論出，倘若公司要生存，就必須改變員工的工作動機。確保航班照表操課，是這間公司「生產過程」中最容易出差錯的一環。每次起飛前必須要進行的多項檢查與準備工作中，只要有一項出現延誤，就足以造成嚴重誤點。在開了好幾次會議分析狀況之後，管理階層決定賭最後一把，實施一項取名為「勇往直前」（Go Forward）的計畫，試圖力挽狂瀾。

「勇往直前」計畫的核心要素之一，是只要該公司某個月名列準時起降前五大航空公司之列，就給每位員工發放 65 美元的紅利。這項計畫效果卓著，而且立竿見影：才不到一年，大陸航空在 1995 年就轉虧為盈——從虧損 6 億 1,900 萬美元，轉為獲利 2 億 2,400 萬美元。公司獲利持續攀升，在 1997 年到達 3 億 8,500 萬美元。有意思的是，在拯救公司過程中扮

演關鍵角色的「勇往直前」計畫，它的金錢激勵是給團體而非個人：獲得獎勵的是團隊合作，而非卓越的個人努力。

我們在這一章要思索的問題是：「勇往直前」計畫的成功之處在哪裡？如果你是一位商業經理，要怎麼仿效這個計畫，獲得更優異的成果？

團隊行為深探：契約理論

職場的工作團隊是個非常有趣的社會互動縮影，理性與情緒交織其中。團隊在世界上的每個角落，都是重要的經濟與組織單位。人力資源管理學教授保羅・奧斯特曼（Paul Osterman）在 1995 年進行的訪查指出，美國有超過 54% 的組織，以工作團隊的形式運用其勞動力；商業公司的比例更高，達到 66%。

若要對工作場所裡的團隊行為有更深入的了解，就需要用上許多數學模型與賽局理論。倘若我們不先了解在理性自私的假設下，團隊成員會做出什麼樣的事，就不可能了解那些心理與情緒現象，對於團隊成敗有何影響。我個人近年來利用賽局理論，進行過幾項關於團隊行為的研究。更精確地說，我是運用賽局理論的次領域——「契約理論」（contract theory）來進行研究。

兩個以上的個人訂立契約，可以視為一場賽局，因為契約

界定了互動規則（相當於賽局中的策略），而且還訂出各方在合約架構下採取行動，所能得到的報酬（相當於賽局中的報酬，報酬由玩家採取的策略所決定）。這就是為什麼賽局理論可讓我們回答，關於契約擬定與協商的相關問題：藉由賽局理論，我們可以確定什麼樣的合約，就甲方來說是最佳選擇，同時乙方也可以接受。

這個主題的相關研究，近幾年來延伸到很廣泛的層面。這些研究採用了許多理論上與實證上的不同研究方法，並根據現實生活的觀察，以及在實驗室裡進行的實驗，蒐集到許多相關資料。有些觀察結果相當令人訝異，有違我們對於團隊合作最基本的直覺。

其中一項驚人的研究結果顯示，金錢激勵與工作動力之間的關係，一點也不像我們一般認為的那樣直截了當。我在2009 年發表的一篇論文指出，就職場團隊而言，提供個人金錢激勵，可能會造成工作動機降低。[2] 這跟心理效應無關，也不是內在激勵與金錢激勵有所區別所致（我們在先前章節中有探討過這點，而經濟學家葛尼奇與魯斯提齊尼也有論文專論之）。即使團隊裡每個人都自私自利，只關心個人利益，也還是有可能會發生這種事。接下來我會提出一個小巧簡單的團隊合作模型，說明這個看似矛盾的現象，及其實際上的意涵。

然而，要將這個模型的所有細節都交代清楚需要用上不少篇幅，而且得提及一些讀者可能會覺得很難懂的邏輯論述。讀

者可以選擇跳過以下這段，它不影響你理解這一章後面的內容。

激勵管理模型

想像一下你擁有一間軟體公司，公司裡有兩名員工：D 先生負責研發，M 先生負責行銷。公司做出來的軟體，只有在研發跟行銷兩方面都很成功的情況下才能賺錢。每個員工都可以在兩種可能的行為中選擇其一：認真工作或打混摸魚。認真工作的員工，保證能夠完成任務。但倘若他決定打混摸魚，成功完成任務的機率就只有 50%。

軟體研發跟行銷分成前後兩個階段：D 先生先研發軟體，然後 M 先生再去做行銷。這兩位員工的處境不同，不只是他們的工作時期有先後之分，而且 M 先生可以看到 D 先生有沒有認真工作，D 先生卻無法知道 M 先生會不會認真工作。身為公司老闆的你，必須要為員工擬出一套激勵系統，盡可能讓他們認真工作。不幸的是，你沒有辦法監控每位員工是否真的有認真工作，你唯一的確切衡量指標是公司有沒有獲利（也就是研發跟行銷都很成功，或是不幸有一方失敗）。你考慮採用的激勵系統，是只有在專案成功、公司有賺錢的時候，才會發放紅利給兩位員工。

為了完成這個模型，我們還需要加入一項重要的細節：員工倘若認真工作，他的痛苦程度。畢竟倘若員工樂於努力工

作，就沒有必要提供紅利激勵。我們假設員工認真工作造成的痛苦，相當於 1,000 美元，但這並不表示你提供 1,000 美元，就足以彌補員工。原因很簡單：倘若你在專案成功時，提供 1,000 美元的紅利，那麼 D 先生就沒有認真工作的動機，因為他認真工作要先「損失」1,000 美元，但要是 M 先生沒有做好他份內的工作，專案成功的機率就會降到 50%，意味著 D 先生能獲得 1,000 美元補償他認真投入專案的機率也只有 50%，還有可能最終一無所得。

要知道，身為公司老闆的你在專案完成之後，並無法得知 M 先生與 D 先生誰有認真工作——可能他們都認真工作，可能只有一個人認真工作，也可能都在混水摸魚。你唯一能知道的是專案是否成功。那麼，你應該要為每位員工提供多少紅利？

紅利結構一：M 先生的考量

我們來考慮以下這個紅利結構範例：只有在專案成功時，才發給 D 先生 1,400 美元紅利，另外發給 M 先生 2,010 美元紅利。接下來我們試著理出兩位員工的理性考量脈絡。假設他們只在乎個人福祉，M 先生看到 D 先生在專案研發階段相當認真工作，這時倘若 M 先生決定不要認真做行銷工作，那這個專案成功的機率就是 50%。這表示他有 50% 的機率拿到 2,010 美元的紅利，相當於可以確實拿到 1,005 美元（經濟學

術語是「期望報酬」[expected payoff]）。相反地，倘若他決定認真投入行銷工作，他會因為認真工作，蒙受相當於 1,000 美元的痛苦，但是有 100% 的機率能夠拿到 2,010 美元紅利。總歸而言，他一共可拿到 1,010 美元，這比他沒有認真工作的期望報酬 1,005 美元來得高，因此 M 先生認真投入行銷工作，日子會過得比較好（雖然他認真與不認真工作的報酬只差 5 美元而已）。

但是倘若 M 先生看到 D 先生沒有認真從事研發工作，那他顯然就毫無認真工作的動機了，因為在這種情況下，他會拿到紅利的機率，在他還沒開工之前，就已經只剩 50%。倘若他也跟著混水摸魚，那麼專案成功的機率就只剩下 25%，因此 M 先生的期望報酬只有 502.50 美元，相當於 2,010 美元的四分之一。他自己認真工作的結果，只值 5 美元（預期拿到 1,005 美元的紅利，減掉認真工作的 1,000 美元成本）。

紅利結構一：D 先生的考量

接下來我們來分析 D 先生的考量，他在 M 先生進行行銷工作之前，要先從事軟體研發的工作。倘若 D 先生在研發階段認真工作，他透過前兩段的推論，知道 M 先生也會認真工作，因此這項專案一定會成功。在這種情況下，D 先生會付出 1,000 美元的認真工作成本，但是保證會得到 1,400 美元的紅利補償。總體而言，他會得到 400 美元的淨報酬。

倘若 D 先生決定在研發過程中打混摸魚，那麼 M 先生就一定不會認真做行銷工作，理由前面已經說過了。在這種情況下，專案成功的機率會暴跌到 25％，這表示 D 先生有 25％ 的機率，會拿到 1,400 美元的紅利，也就是期望報酬等於 350 美元。我們一路分析下來的結論是，D 先生跟 M 先生都會決定認真投入專案工作，他們兩個加起來一共賺到 3,410 美元的紅利。

紅利結構二：M 先生的考量

現在假設你這位公司老闆，決定給員工高紅利，可能是同情他們得要負責許多工作，也可能是因為你認為紅利給得高，可以提升他們為公司認真工作的動機。你提供的新紅利，是專案成功的話，給 D 先生 1,900 美元，給 M 先生 4,020 美元。就跟先前的情況一樣，倘若 M 先生看到 D 先生認真工作，他就值得也跟著認真工作，因為他能拿到 3,020 美元的淨報酬。如果他混水摸魚，期望報酬就只有 2,010 美元。

不過我們來思考一下，倘若 M 先生看到 D 先生在研發階段混水摸魚，情況會怎麼演變。在這種情況下，M 先生倘若認真工作，他有 50％ 的機率可以拿到紅利，但要是他也跟著混水摸魚，就只有 25％ 的機率能夠拿到紅利。M 先生在第一種情況的期望報酬是 1,010 美元（因為要把他認真工作，所造成的 1,000 美元精神損失納入考量），第二種情況的期望報酬

則只有 1,005 美元（4,020 美元除以 4）。結論是，在這種情形下，無論 D 先生有無認真投入研發工作，M 先生總是有認真投入行銷工作的動機。我們發現給 M 先生提供有吸引力的紅利，確實能夠提升他認真工作的動機，因為得失實在差太多，就算 D 先生決定打混摸魚，M 先生也寧願認真工作。

紅利結構二：D 先生的考量

然而，因為無論 D 先生做什麼選擇，M 先生都有認真工作的動機，這個事實如今也會改變 D 先生的工作動機。先前我們得到的結論是，D 先生有動機認真投入研發工作，是因為他知道倘若他打混摸魚，M 先生都會看在眼裡，然後決定不要認真工作。但是在新的紅利條件下，無論 D 先生怎麼做，M 先生都會選擇認真工作，那麼對於 D 先生來說，怎樣才是最佳選擇呢？倘若他認真工作，專案一定會成功，他會拿到 1,900 美元的紅利，但是考量到他認真工作要付出相當於 1,000 美元的代價，他的淨報酬其實只有 900 美元。但是倘若他選擇混水摸魚，專案成功的機率是 50%（反正 M 先生無論如何都會認真工作），換算成預期紅利是 950 美元，這比他認真投入專案研發工作的報酬還高。

換句話說，D 先生因為知道 M 先生無論如何都會認真工作，他自己認真工作的動機因此降低。增加紅利實際上反而使得工作情況惡化：先前兩位員工都有動機要認真工作，但如今

就算他們兩位都很理性，尋求讓自己的物質福祉最大化，但只有其中一位有動機認真工作。

動機逆轉

這個矛盾源自於兩位員工彼此互相影響，一個人的工作動機，會影響到另一個人的工作動機。答應給第二位員工的紅利過高，會減低他對於第一位員工的間接脅迫能力，也就是倘若第一位員工混水摸魚，那麼第二位員工也不會全心投入工作，因而損及他們兩個人的利益。

規劃激勵結構是一項困難的工作，必須要小心進行。光靠直覺很容易使我們誤入歧途，導致非常嚴重的後果。我把這個對所有員工提高紅利，反而減低他們認真工作意願的矛盾現象，稱之為「動機逆轉」（incentive reversal）。雖然上述提出的解釋也許看似非常特定又很技術性，然而情緒邏輯在現實生活中卻經常浮現。我的研究指出，動機逆轉是一種相當普遍的現象，無論組織架構大小，幾乎都會出現。

我最近與幾位德國馬克斯・普朗克研究院的同事合作，進行了一項大型實驗室實驗，結果觸發了明確強烈的動機逆轉情形。[3] 我為動機逆轉為何會存在所提出的解釋，是依據一位員工在其他人認真工作的情況下，他也選擇認真工作能得到更高報酬。在上述軟體公司員工的範例中，這個特質源自於研發與

行銷過程，而其中最弱的一環決定了這項專案成功的機率。換句話說，員工會有互補作用，專案成功與否取決於研發階段與行銷階段是否都成功。倘若員工並未如同上述那樣彼此互補，而是可以互相替代（比方說他們兩個都是研發人員，只要其中有一個人認真工作，專案就能成功），那會發生什麼狀況？答案是，這時候動機逆轉就不會發生，這個結論不但可以用數學模型推論出來，也能在實驗室實驗取得的資料中看到。

接下來我們來思考，倘若兩位員工都無法看到對方在這項專案中有沒有認真工作，會發生什麼狀況？這時候要提供給員工什麼條件才最理想？我在 2004 年發表的一篇文章中，用數學證明了在這種情況下，最好是在員工紅利之間製造出某種差異，即使他們的工作角色與能力完全一樣亦然。[4] 這是因為拿到低紅利的員工，可以確定另一位拿到高紅利的員工會認真工作，因此他自己認真工作的動機也會提升。

那篇文章獲得相當多人注意，但有些人認為，給員工的紅利有所差異，理論上能夠帶來的好處，會被某些員工因為如此明目張膽的差別待遇而憤怒不已的情緒給抵消。不過有兩組研究人員分別在實驗室裡，對這個假設進行實驗，得到的結論是：若是給員工適度的差別待遇，則確實如同前文所述，可以提升工作動機。[5,6] 我們自然會對於差別待遇感到反感，不過當差別待遇對我們有利時，我們就比較願意接受，即使我們得到的是比較差的待遇亦然。

影響績效的同儕效應

我們在這一章剩下的篇幅中,不再假設個體只自私地關心自己的物質利益,而是思考一個更寫實的工作環境——其中自我利益、種種心理以及情緒均會彼此交織作用。在這樣的環境中,同儕效應會發揮顯著作用,情緒與社會激勵會凌駕於金錢激勵之上,團隊績效經常因而提升。假如一名員工知道或認為同事大多在混水摸魚,那麼同儕效應可能使他不會對工作太過認真,不過倘若他認為其他人都在認真工作,那他也會受到激勵而認真工作。

以下是取自經濟學文獻的三個範例:

範例一:南北義的工作倫理差異與同儕效應

義大利各個不同地理區域之間的文化隔閡,比其他歐盟國家都來得更極端,尤其是南北義之間更有天壤之別。北義與南義之間工作倫理的鮮明對比,更是一個讓許多義大利政治人物感到棘手的議題。兩位義大利經濟學家安德烈亞・伊齊諾(Andrea Ichino)以及喬凡尼・馬奇(Giovanni Maggi),研究義大利一間大銀行數千名員工的行為資訊資料庫。[7] 這個資料庫蒐集了每位員工上班遲到甚至曠職的次數、升職到較高職位的次數,以及調職到哪間分行等詳細資料。有了這些資訊,我們就可以找出誰從北義分行調職到南義分行,或是反過來從

南義調職到北義。

伊齊諾與馬奇發現，從北義米蘭調職到南義那不勒斯的員工，其工作行為出現極大的轉變：他們一旦到了那不勒斯就經常遲到，曠職一整天的情況也大幅增加。既然只有病假是銀行官方認可的缺勤理由，你可能會推測是不是從別的城市調職過來的員工水土不服，但是研究者同時也發現，從那不勒斯調職到米蘭的員工，同樣出現不同的行為模式：遲到率跟曠職天數雙雙減少。

進一步分析資料庫發現，同儕效應是這些行為模式之所以產生變化的唯一合理解釋。從米蘭調職到那不勒斯的員工，很快就從那不勒斯同事身上，學到一套弱於米蘭的工作倫理，這使得他們想要維持高標準工作倫理的內在動機降低。相反地，從那不勒斯調職到米蘭的員工，雖然不像從米蘭調職到那不勒斯的員工變得那麼快，但也會發現到自己如今身處在非常不同、同事都比較認真工作的工作環境中，這當然會讓他們覺得不怎麼自在，但仍然有動機採用這樣的工作倫理。

範例二：裝信封實驗的同儕效應

伊齊諾後來又跟波恩大學的經濟學教授亞明・佛克（Armin Falk）合作，在實驗室中針對同儕效應進行後續研究。[8] 伊齊諾與佛克早先所做的實驗中，讓受測的學生們受僱為一場在蘇黎世舉辦，子虛烏有的研討會準備邀請函。他們的

工作時間固定，時薪也固定為 20 美元，工作內容是把邀請函摺起來，放進信封裡封好，再貼上郵票。

受測者分為兩組，各自在不同的房間裡工作。主持實驗的人在實驗期間，會到第一組的房間好幾次，每次都在房間中央一張大桌子上，放下一大袋等著要塞進邀請函的信封。相反地，主持實驗的人到第二組房間的次數比較少，每次也只帶上一小袋信封。實驗結果顯示，第一個房間的受測者雖然看到一大袋信封不斷出現在眼前，但他們比第二個房間的受測者更努力工作。

伊齊諾與佛克在另一項實驗中解釋，在這兩個房間觀察到的行為差異，是同儕效應所致。第一組受測者有一種同儕都在努力工作、忙著裝信封的印象，隱隱約約地覺得倘若自己動作太慢，落後同儕太多會很丟臉，因此促使他們格外努力工作。有意思的是，儘管這些受測者彼此之間並不相識，同儕效應似乎還是有發揮作用。

同儕效應在另一組就產生相反的效果。既然帶來房間裡的信封數量比較少，受測者就有一種自己裝的信封，比其他人來得更多的印象，換句話說工作太過認真的受測者，會覺得自己像是蠢蛋一樣，那種感覺可不令人感到愉快，因此他們會放緩工作節奏，避免產生這種感覺。這項實驗很有說服力地指出，會對工作行為產生影響的不只是金錢激勵，社會激勵也扮演很重要的角色。

範例三：櫃台結帳人員的同儕效應

這一章要舉出的最後一個範例，跟前述的銀行員工範例一樣，並不是在實驗室裡進行的實驗，而是根據現實生活情境中蒐集到的資料做分析。兩位加州大學柏克萊分校的經濟學教授亞歷山卓・馬斯（Alexandre Mas）以及恩里科・莫瑞提（Enrico Moretti），研究一間美國大型超市櫃台結帳人員的同儕效應。[9] 櫃台結帳人員大部分的工作內容——如給每位顧客結帳的起始跟結束時間，以及顧客帶來結帳的商品種類與數量等，都會定期記錄在電腦資料庫中。馬斯跟莫瑞提利用這些數據，得以估算出每位員工的工作效率，比方說員工在固定時間內掃描的商品數量。他們發現每當櫃台結帳人員換班時，就會影響到所有距離夠近，能夠看到換班的員工：倘若接班人員比前一班人員工作更有效率，附近的員工就會加快工作節奏，但倘若接班人員動作比較慢，其他人也會跟著一起放慢工作節奏。

被忽視的心理與社會因素

這三項研究顯示團隊是否努力工作，會受到工作環境相當大的影響。倘若身邊的人都在認真工作，一個人想要認真工作的動機也會提升。在前述的數學模型中，這是因為我們假設需要兩位員工都努力工作，才能確保專案成功，但是在一般狀況

下就未必如此：員工一方面會想要避免被剝削利用，另一方面又不想要被視為剝削利用同事的人。

有許多其他研究指出，若想要提升團隊的工作動機，心理與社會因素極為重要。這些研究探討公司不同階層員工之間，尤其是主管與他們負責團隊之間的互動情形，結果發現心理與社會因素更具有決定性作用。

遺憾的是，商業界迄今似乎仍對於這些團隊工作效應，及組織的激勵措施等研究結果視若無睹。人力資源主管以及組織顧問不斷強調，要根據員工個人的工作績效發放金錢獎勵（主要是紅利），卻沒有考慮如何為團隊提供工作獎勵。他們會這樣想，不一定是因為他們認為給團隊提供工作獎勵，可能會減損員工的工作效率，單純只是因為若採用他們比較熟悉、純粹以個人為準的標準激勵方法，可以在出問題時讓他們免於受到批評。

由於提供個人激勵需要詳細監控每位員工的工作（而這通常是辦不到的事），因此人力資源部門通常會採用幾乎完全無關的計量指標進行評估。這會促使員工把精力投注於提高其考核分數，而不是在他們受僱從事的工作上。根據這種不良計量指標來決定紅利多寡，不但會扭曲激勵系統，還會在員工之間釀成挫折感、不公平感以及忌妒感等情緒，往往導致團隊產生衝突，無法偕同工作。

平行同儕評鑑是人力資源部門最常用的評估計量指標之

一，也就是讓員工評估同事的工作表現，有時候甚至讓他們為同事排名。在每位員工雄心勃勃想要功成名就、競爭激烈的工作環境中，團隊合作的價值相形失色，這種評鑑的可信度不言可喻，一定會受到極大的限制。在這個系統下，員工有動機貶抑會危及他們地位的同事的工作成就，並讚揚那些之後會給他們帶來獎勵的同事。這些評鑑本身就很主觀，不會有任何員工被控說謊。

一個可以為成功的團隊合作提供獎勵，讓勤奮工作的團隊成員獲得一筆小小額外紅利的激勵系統，成效會顯著許多。這樣的激勵系統同時運用到團體責任感，以及追求個人成就的動力。本章開頭時提到了大陸航空成功的激勵機制，但其成功的關鍵並不在於給每位員工發放 65 美元的獎勵，而是在於員工彼此間的責任感——大家不想要被同事指責為害其他人拿不到紅利的害群之馬。

強而有力的道德機制

我在幾個星期前跟我母親通電話，但因為我答應要帶兒子的幾個朋友去打籃球賽，所以不得不跟我媽道歉，必須要長話短說。我兒子當天生病，沒辦法一起去。「要確定他們每個人都有綁安全帶喔！」我媽堅持說。「你對於那些不是你的小孩子有責任。」後來我在車裡思索我媽這話是什麼意思。我跟兒

子單獨在車裡時，從沒聽她說過任何類似的話，但她不可能關心她孫子的朋友更甚於她孫子。也許她相信我為人父的保護本能，在我跟兒子單獨出門時自然會發揮作用，但她也想確定當我兒子沒有與我們同行時，我對他的朋友是否也會發揮同樣的保護本能。

我後來總算了解到我媽的諄諄告戒，源自於一個道德準則：一個人在照顧不是他的小孩時，必須要格外小心。這條準則不要搞得這麼極端的話，我們就會覺得熟悉許多：想像一下今天輪到你開車，要載你家小孩跟鄰家小孩去幼稚園，但你發現車裡只有一個兒童專用座位，你會讓哪個小孩坐上去？或是別搞得那麼戲劇性，想想看我們通常都不太想要跟朋友借東西，深怕在還回去之前不小心弄壞了怎麼辦。要是真的不小心弄壞了，我們的感覺會比弄壞自己的東西糟上 10 倍。

當事情攸關集體獎勵時，背後運作的正是同樣的道德機制，所以十分強而有力。員工身為團隊一分子的時候，比起因為混水摸魚拿不到自己的那一份紅利，他會更擔心要是因為他混水摸魚，導致朋友拿不到他們原本能夠拿到的紅利時，他們會怎麼看待他。

V　　　論天性與理性

有愈來愈多科學研究指出，我們的性格甚至在更早之前就已經形塑——
不是在人生前 10 年，而是在出生前 9 個月內。

22
非理性情緒與贏家的詛咒

贏家的詛咒有兩大成因，一個與認知有關，一個與情緒有關。我們無法完全消除非理性情緒，但可以降低它們的負面效應。

在這本書開頭，我提到憤怒可作為建立可信承諾的機制，提升我們與他人互動的策略地位。亞里斯多德就十分清楚憤怒在生活中扮演的重要角色，他在《尼各馬可倫理學》（*Nicomachean Ethics*）裡寫道：「任何人都會生氣，那沒什麼難的，但是要在正確的時候、出於正當目的、以恰當的方式對正確的人恰如其分地生氣，那可就難上加難。」雖然就演化觀點來看，生氣是為了讓我們獲得益處，但卻往往也會給我們帶來傷害，不只是因為生氣會造成精神受苦，也是因為這會影響到我們與發怒對象之間的關係。在那些生氣對我們沒有好處，甚至會對我們造成傷害的情境，我們控制憤怒的能力卻往往很有限。

人類發展出的其他具有演化優點的情緒反應，同樣可能會

帶來社交障礙，或是妨礙我們做出正確決定。有些情緒的演化優點在現代社會中，有時還可能會被其缺點掩蓋過去，但是也許還需要再經過數千年的演化發展，才能使它們完全消失。

情緒的演化優勢與劣勢

臉紅就是一個很有趣的例子。臉紅是尷尬引起的現象，而尷尬絕對是一種社會性情緒。當我們感到丟臉或尷尬時，最不想要的就是引人注目，如果可以的話最好能夠找個地洞鑽下去。但偏偏在這種情況之下，天性卻讓我們紅光滿面，使我們更加顯眼。

達爾文在《人類和動物的表情》（*The Expression of the Emotions in Man and Animals*）一書中，花了一整章的篇幅，討論臉紅這個現象。他認為這是人類特有的特色，不過專門研究人類心理演化的研究者，對於臉紅的演化起源仍然意見分歧。許多人認為臉紅是交感神經系統準備要進行所謂的「戰鬥或逃跑」時，會出現的反應。當人類身處充滿壓力又具威脅感的情境時，會刺激血液往頭部輸送，因為充血的身體組織會比平時更敏感，可以充當警告危險迫近的雷達系統，但副作用就是會臉紅。

澳洲一支研究團隊在 2003 年進行了一項有意思的實驗，其結果支持這個解釋。[1]實驗受測者側對觀眾（因此只看得到

受測者的半邊臉），並大聲唱出或念出一段文字。實驗人員發現被眾人注目的那半邊臉，血流量比另外半邊來得更多，換句話說臉紅的現象是局部性的，而且似乎是出現在暴露於最多「危險」的臉部部位。

臉紅的演化優勢還有另一種解釋：認為臉紅的人是在對社會環境釋放出可靠的訊號，告訴別人他很清楚地知道，發生了不能接受或是偏離社會常規的行為。這道訊息之所以可靠，正是因為臉紅是我們無法控制，也假裝不來的現象，因此不需要再對他們進行社會懲罰──這對於臉紅的人有利。近年來進行的實證研究顯示，相較於違反社會常規卻臉不紅氣不喘的人，會臉紅的人比較不會引起他人反感。然而，臉紅也會在其他情境中發生，比方說當我們聽到溢美之詞時就會臉紅，但這時臉不紅氣不喘就比較占便宜。

後悔這個很明顯具有演化優勢的情緒反應，同樣可能會產生負面效應，有時候會讓我們無法做出最佳決定。倘若我們對於自己的任何行為從不感到後悔，毫無疑問地會變得非常悲慘，注定要不斷重蹈覆轍。布朗妮・維爾（Bronnie Ware）是一名安寧病患照護員，有多年在安養院照護末期病患的經驗。她寫了《你遇見的，都是貴人》（*The Top Five Regrets of the Dying*）一書，談到臨終病人在生命的最後數週，告訴她人生中最常見的五大遺憾。[2] 男人通常會後悔這一生太過專注於工作上，失去了不少友誼。女人則會後悔沒有讓自己經常感到快

樂，花費太多心思取悅他人。無論男女都會後悔自己怯於表達對他人的感情。

這些後悔的事情按照定義，幾乎都是屬於非理性情緒，因為說出這些事情的人，都知道自己命在旦夕，已經沒什麼時間可以大幅改變自己的行為。但是在大多數情況下（不是命在旦夕時），這種「幡然悔悟」其實相當理性。我們通常會在改變一生、促使我們徹底審視人生方向的危機發生時，最能夠深刻感受到這些悔恨。這些悔恨往往會讓我們習性大變，即使危機消退之後，這些變化也會持續下去。

非理性的懊悔通常都是些瑣碎小事，這些小事使我們沒有了解所有事實、理性檢視自己的行動，就做出偏誤的決定。經濟學與金融研究者進行過大量實驗，顯示我們的行動是以「未來盡可能不後悔」為目標。先前在討論從眾行為的章節中提到的盲從行為，就是一個想要減低懊悔的行為範例：我們通常會讓自己的選擇，跟我們多數所識之人的選擇一致。比方說，倘若我們的朋友因為擔心股市即將崩盤，大多拋售手上所有持股，即使我們有很強烈的客觀線索，指出股市在不久的未來即將復甦，我們還是很容易跟著一起拋售持股，因為倘若我們是跟所有的朋友一起犯錯，到時候感受到的懊悔感，不會像我們單獨做出錯誤決定時的懊悔感那麼深刻。基於類似的道理，我們通常會比較害怕針對理應知之甚詳的主題做出決定，對於我們一無所知事物的風險，就比較沒那麼敏感。我們幾乎是不計

任何代價地避免第一種懊悔感（針對理應熟稔的議題，做出錯誤決定），就算承擔風險很值得也不例外。

害怕感到懊悔的心理，有時會讓我們寧可固執地堅持錯誤決定，也不願意承認自己犯了錯。舉例來說，我們有時候會覺得要賣出一項虧錢的資產或投資項目很困難，因為這麼做等同於承認我們原先決定投資是個錯誤。只要我們繼續持有那項資產，就還有機會讓我們不會後悔買進，因為它的價值有可能會回升。這種心理使得許多人即使在資產價值已不可能回升到買進價時，仍然長期持有虧損資產。

南加州大學研究者喬吉歐・柯里切利（Giorgio Coricelli）等人，大約在 10 年前針對與懊悔感有關的大腦活動，進行了一項全面的研究。[3] 與其他多數情感相反，產生懊悔感時的大腦活動會遍布大腦數個區域，包括負責認知與分析性思維的眼窩額葉皮質（orbitofrontal cortex）與皮質內層，以及海馬迴等負責調節情緒與記憶的邊緣系統。會用到這麼多大腦部位，可能是因為後悔需要用到許多複雜的學習面向，比方說要衡量懊悔到什麼程度才算是「合理」，大腦就需要進行分析活動。

柯里切利等人發現，當我們設法盡量減少未來對自己決定的懊悔感時，出現的大腦活動與我們體驗到懊悔感時的大腦活動非常類似。看來當我們努力要盡可能避免後悔時，會把重點放在可能會造成的負面結果，而在這過程中就會體驗到未來的懊悔感。

非理性經濟行為與激勵荷爾蒙

其他還有幾種非理性經濟行為也與特定的大腦活動有關。這些大腦活動多半與大腦的「激勵荷爾蒙」多巴胺及其吸收率有關。先前的章節中有提到這種荷爾蒙，它與成功時獲得的滿足感跟愉悅感有關，因此會影響到我們對待工作的態度。多巴胺激勵我們完成工作，這顯然具有演化優勢。

另一方面，多巴胺也會影響到其他好幾種大腦功能。比方說，多巴胺不足便與帕金森氏症有關。我們需要多巴胺讓我們感受到滿足與愉悅，但這可能會使我們做出有違自身物質利益的事，有時候甚至可能會成為精神障礙的成因。例如，偷竊癖、購買癖以及賭博成癮症，都是與不當經濟行為有關的著名精神病症，有時候治療這些病症的精神療法，就是使患者大腦內的多巴胺濃度達到平衡。

不過即使在合乎規範的行為中，多巴胺還是可能會使我們因為情緒使然，做出錯誤的決定。這種現象最顯著的例子，就是拍賣會買家的行為。近年來線上投標跟拍賣大行其道，交易金額也成長到十分驚人。2000 年，經《紐約時報》評估，當年英國進行的手機頻譜拍賣是史上最大金額的拍賣會，拍賣金額超過 340 億美元。

贏家的詛咒

在與拍賣有關的現象中，「贏家的詛咒」（winner's curse）受到最多研究。「贏家的詛咒」指拍賣得標者很多時候，為他得標的物品付出了比真實價值更多的錢。這個現象不只可以在業餘人士競標低價物品時看到，大公司在為重大項目投標時，也會淪為贏家的詛咒的受害者。許多美國石油公司在1970 年代初期，都在鑽探權拍賣會上得標後不久，便營運崩潰。這些公司養了一大批地質學家跟經濟學家，協助評估他們競標的鑽探權價值，但結果他們的投標價格，遠高於鑽探權的真正價值，最終導致公司破產。

贏家的詛咒有兩大成因，一個與認知有關，一個與情緒有關。參加拍賣的人會使盡渾身解數，試著評估物件的價值，然後以比評估結果略低的價格開始投標。競標愈激烈，投標價格就會愈接近評估的價格，因為拍賣中有愈多競標者，某人出價比你高的機會就愈大。

倘若競標者眾，而且他們都各自評估過物品價值，那麼我們可以合理地假設，所有人的平均估值會非常接近拍賣物件的真實價值。倘若如此，那麼投標金額最高而贏得拍賣的人，出的價格就會比平均競標金額還要高，也就是說可能比拍賣物件的真實價值還要高──這是就認知層面來解釋贏家的詛咒。換句話說，參與拍賣的人並未考量到，一旦他們得標，就相當於

他們的競標價高於其他人，也就是說他們很可能高估了拍賣物件的價值。

想要避免落入贏家的詛咒的認知陷阱，有個方法是把你願意投標的價格寫在紙上，然後把那張紙丟在抽屜裡，過了 24 個小時之後再拿出來，然後想像拍賣官看過所有的投標價之後，跟你說你出的是最高價，然後你就可以據此重新調整出價。在大多數情況下，你會把你的出價調低，讓你免於淪為贏家的詛咒的受害者。

不過很多時候贏家的詛咒是一種情緒因素。參與拍賣的競標者經常發現他們受到「拍賣狂熱」影響而出高價，那是一股不計代價就是要贏、無法控制的欲望。我有兩位學生幾年前要我為一項研究計畫提出建議，我要他們上網搜尋用拍賣方式或是直購價販賣的同樣東西，然後比較東西最後賣掉的成交價。我推測同一個東西的拍賣價，很多時候會高於直購價，結果果然如此。參與拍賣的競標者如果用直購價去購買，可以用比較低的價格得到同樣商品，然而拍賣環境帶來的競爭性，以及伴隨而生的拍賣狂熱，促使他們付出更高的價格。

我在幾年前親眼目睹一個「昂貴的」拍賣狂熱範例。當時我要為以色列國營天然氣貯存公司規劃拍賣，有四間大型私人石油及天然氣公司，在拍賣中激烈競標，最後的得標價高達 2 億 2,000 萬美元，幾乎是估價人員在拍賣前，所提供最樂觀估值的兩倍。

我在 2011 年為某間參與以色列行動電話頻譜拍賣的公司
擔任顧問，努力要幫客戶不要落入贏家的詛咒陷阱。在拍賣開
始幾小時之前，我建議公司老闆先離開興奮過度、亂成一團的
公司總部，做個深呼吸，然後找個安靜舒適的地方，冷靜評估
他為想要得手的資產，真正願意支付的最高可能合理價格。我
還跟他說他做出決定之後，要把金額寫在紙上，塞進信封裡密
封好，然後交給一位他信得過的密友（一位當天出現在公司總
部的資深銀行家）。這樣做就等於立下拒絕受到拍賣狂熱誘惑
的承諾，不至於以高於預定金額的價格投標。

　　那間公司的老闆是個經驗豐富、了不起又有才能的商人，
但他卻被我的要求給嚇壞了。他要我不要叫他做任何他辦不到
的事，直到他的同事不斷懇求他認真考量我的建議，再加上那
位銀行家威脅說如果不照我的話做，他就要離開現場，這位老
闆才同意接受我的建議。

　　這場在電腦上進行的拍賣於上午 11 點開始，持續進行到
晚上 8 點，整整 9 個小時讓人如坐針氈。到了晚上 7 點時，最
新競標價已達到 1 億 3,500 萬美元，公司老闆慢慢從椅子上起
身，站直了身子，啜了一大口握在手上的咖啡。「老兄啊，」
他有點慚愧地承認，「事實上我競標的金額，遠超過我寫在信
封裡的最高金額。」

　　他在拍賣最後剩下的這一小時內，不斷提高公司的競標
價，直到最後一刻都還在出價。等到一切塵埃落定，才發現他

以近乎 2 億美元的價格得標，幾乎是他在拍賣開始之前，寫在紙上裝進信封裡，認為這項資產最多值多少錢的兩倍。45 天之後，由於他無法獲得充足的銀行背書，提供這筆過於離譜的資金，因此按照拍賣規則，他的得標資格遭到撤銷。

多巴胺在贏家的詛咒的情緒層面，扮演了相當程度的角色。有幾項研究利用 fMRI，追蹤拍賣競標者的大腦活動。[4] 這些研究顯示，競標者的大腦出現牽涉到數個不同區域的複雜活動模式，不過在受測者出現拍賣狂熱時，有個現象格外明顯：每當受測者被告知他們沒有得標時，紋狀體區域就出現次活動（sub-activity）。紋狀體屬於邊緣系統，也是分泌多巴胺的地方。拍賣競標失敗的刺激，導致紋狀體內的次活動更為活躍，使得受測者在下個階段的競標行為更積極。

策略管理非理性情緒

我們無法完全消除非理性情緒，不過倒是可以讓它們鈍化，只要有意識地知道這些非理性情緒的存在及其效應，就可以降低它們的負面效應。我在本書裡不斷強調，認知與情緒系統並非完全涇渭分明，經常會共同發揮作用。某種情緒對我們有利抑或有害，與產生那種情緒的環境息息相關。很多時候，都是認知官能必須去識別情緒反應的影響。認知系統不但可強化對我們有益的情緒，它也可以管束那些對我們有害的情緒。

本章開頭時引用亞里斯多德的那段話，完全切合這個主題。想要控制情緒並不容易，要能夠控制憤怒尤其困難，需要用上分析能力、記憶能力、直覺以及技巧，但絕對值得。

23
先天決定與後天養成：
解開人格謎團

人格特質在前 10 年決定？還是其實在更早之前——在出生前 9 個月，人格特質就已形塑？

幾年前，我碰到昔日同窗奧佛・利普席茲（Ofer Lipschitz）。「我們好幾個月前有在找你，想要邀請你來我家參加同學會。」奧佛滿懷歉意地說。「有人說你住在國外，所以我們也就沒有很用心找。」我們這群同學從 6 歲開始，連續當了整整 8 年的同學。當我跟奧佛說我錯過了同學會真的很失望時，他試著安慰我：「我們把整場同學會都拍了下來。在下次同學會之前，至少你可以看影片過過癮。」奧佛提供給我的影片長達 3 小時，每個去參加同學會的人，都留下了許多鏡頭。

這影片有兩個地方讓我特別感動。首先是每當有同學走進屋內時，幾乎是每個人（包括我在內）都能夠立刻認出他或她是誰，根本用不著他或她自我介紹。儘管我們小時別離之後，

已經 35 年沒見過面，卻還是能立刻認出彼此。我們擁有的這項驚人能力與對方臉部特徵在我們的記憶中留下深刻印象有關。如果你拿一張同一時期別班同學的照片，放在那些小朋友如今的成人照旁邊，我懷疑我會不會連一個人也認不出來。臉部特徵儲存在大腦中的方式，似乎跟其他資訊的儲存方式不太一樣。我們經常會碰到似曾相識，或是肯定以前見過面的人，卻無法想起他們的名字，或是在哪裡見過面等其他細節。

在看同學會影片時，另一件讓我印象深刻的事，是我發現當我根據兒時記憶在認人時，我朋友們的臉部特徵並不是我唯一的判斷標準──他們許多人現在從事的職業，似乎也完全在意料之中。奧佛跟米隆在小學五年級時，就總是在聚會時彈奏吉他娛樂大家，他們如今都在發展音樂事業，以音樂演出跟指揮工作營生。泰莉小時候對男生的興趣，就比班上其他女孩多，也一直是班上主要的花邊八卦來源，她如今是兩性專家兼婚姻顧問。尤西小時候就很會發起及籌辦我們大多數的社交活動，如今是名創辦和管理新創公司的企業家。

兒時的人格特質保留至成人的程度，同樣令人驚奇。那些小時候就很內向的人，在同學會時也會離群孤立，想避開社交熱絡的地方，找個安靜的小角落窩著；那些小時候就經常放聲大笑的人，長大了同樣經常放聲大笑；那些很吵鬧的小孩長大了還是很吵鬧，而那些小時候就展現出反社會暴力傾向的同學，壓根就沒有現身同學會。

人格特質的遺傳研究

任何參加過這種同學會的人，都一定能感知到：我們的主要人格特質，在人生頭 10 年就已經決定。事實上，近年來有愈來愈多科學研究指出，我們的性格甚至在更早之前就已經形塑——不是在人生前 10 年，而是在出生前 9 個月內。完整繪製人類基因體圖譜，對於重新洞察決定人格的因素，有極大助益。新的研究發現相繼揭示了特定人格特質與遺傳之間，確實具有密切的相關性。

研究一：AVPR1a 基因影響賽局行為

服務於新加坡國立大學，專長是遺傳精神病學的理察‧艾伯斯坦（Richard Ebstein），與其他幾位研究者針對這個主題，進行了許多非常有意思的研究，其中一項主題是慷慨的遺傳基礎。[1] 如同本書先前章節提過的，催產素是讓母親與新生兒相互共感的化學物質，另外還有一種對於多種人類情緒與生理機能都很重要的血管加壓素（vasopressin），在建立母嬰連結方面也占有一席之地。影響分泌血管加壓素的主要基因叫做AVPR1a，它有長短差異，比較短的基因分泌的血管加壓素比較少，也比較常出現在自閉症譜系障礙病患身上。

艾伯斯坦等人研究了數百位健康的受測者，根據他們身上的 AVPR1a 基因長短加以分類，然後讓受測者進行第 9 章提過

的給予版賽局，也就是每位玩家先拿到一筆錢，然後可以把隨意金額贈給另一位玩家。AVPR1a 基因較短的受測者，在賽局中贈與他人的金額，遠少於基因較長的受測者。這是單一基因變異對於人格特質，會造成統計上可觀察到的差異性的明確例證。

研究二：檢驗遺傳對雙胞胎人格的影響性

其他比較同卵雙胞胎行為的研究，也發現了其他幾種人格特質的遺傳源頭。倘若某種人格特質在同卵雙胞胎身上出現高度相關，但是在異卵雙胞胎身上卻為低度相關，就表示這項人格特質的遺傳成分，比社會成分更為顯著。

研究三：人格特質的遺傳成分

艾伯斯坦等人也進行了廣泛的人格特質研究調查，藉此估計每項人格特質的遺傳成分。[2] 右頁的圖 23-1 是他們研究結果的摘要，他們把兩種不同的遺傳成分個別呈現：一種與社會影響無關，純粹屬於遺傳成分的，在圖中標示為 DZ；另一種比較普遍，把可能的社會影響納入考量，但僅限於影響具有特定基因檔案者的遺傳成分，則標示為 MZ。

圖 23-1 顯示有非常多種行為特徵，具有明顯的遺傳成分——有些時候甚至還居於主導地位。此外，圖 23-1 所依據的研究多為近期研究，有了這些研究資料，再加上其他線索指

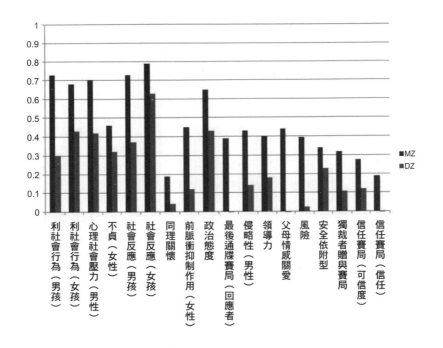

【圖23-1】人格特質與遺傳成分

出遺傳對於人格特質扮演重要角色，種種資料再度點燃了天性與後天養成的長年辯論，這些辯論過去經常將道德考量與科學主張混為一談。

基因解密：命運和未來

考量到本章提到的這些研究的潛在影響，確實有些令人擔

憂。現在要完整繪製一個人的遺傳密碼圖譜，成本遠低於過去——只要一點唾液樣本，再付個 200 美元，就足以確認你的遺傳傾向。我們對於決定人格特質的遺傳成分了解得愈多，私人市場就愈有動機利用這份儲存在我們 DNA 的資訊。應徵工作的人可能有朝一日，會被要求在履歷表中附上唾液樣本，房東也會對可能入住的房客提出類似要求，保險公司更可以利用基因檔案計算保險費。這個趨勢最終可能會延伸到所有的經濟與契約活動上，製造出一個自我增強的循環：具有「迷人」DNA 特質的人，能夠得到最好的工作，而那些 DNA 特質「欠佳」的人，不得不屈就於乏善可陳的工作，或是根本就沒頭路。只消幾年功夫，這種歧視就會自我強化，一個人的 DNA 特質如何，便可決定他或她人生成功的機會。那些被貼上 DNA 特質「欠佳」標籤的人，就沒有動機接受高等教育，習得一技之長，甚至也不想認真工作。社會流動性將會逐漸放緩、變成一灘死水，新的遺傳貴族於焉誕生。

　　儘管有這些明顯可見的危險，我們仍然不應該讓這些擔憂，成為阻礙未來科學研究的絆腳石。無知永遠不該成為抵禦潛在社會危險的手段。在美國，想要以研究遺傳學與認知能力或智力之間關係為題，獲得美國國家科學基金會（National Science Foundation）以及美國國家衛生研究院（National Institutes of Health）等主要科學研究補助機構的補助，幾乎已經是不可能的事。雖然並沒有明文禁止這類研究，然而政治正

確之風總是會吹進研究補助金的審查過程，讓這類補助金申請大多胎死腹中。可以理解人們擔心這類研究可能會被用來讓歧視合理化，但是畫地自限也不是解決之道。

感性與理性兼具的策略智慧

最終擁有優勢的不是僅靠理性運作的人，而是感性與理性兼具的人。

　　有些讀者可能會對本書如實的分析情緒方式，感覺到不是很自在。倘若情緒真如本書所述，跟認知過程一樣既理性又可分析，那麼靈魂有何容身之處？此外，倘若就連「情緒」這種人類最不貼近生理層面的經驗，都可以用 DNA 以及體內某些荷爾蒙濃度加以預測，那麼我們能否用類似的方式，捕捉我們稱之為「生命」的全貌，一勞永逸地擺脫靈魂的概念？

　　我可不這麼認為。

　　科學只能讓我們對於人類的情緒與認知，產生片面且有點模稜兩可的理解，這些事物的全貌距離完全釐清還早得很，又或許永遠也沒有水落石出的一天。我們所謂的精神與靈魂，正是代表用科學無法解釋清楚的那些事物。

　　靈魂與生命的本質這個最重要的哲學問題，至今仍然懸而

未解。我們這些由生物細胞構成的人類（這些細胞含有大分子DNA，而這些大分子由碳跟氫構成），究竟只是這些細胞的總和，抑或有某種凌駕於身體物質成分之上的神祕成分，讓生物有別於死氣沉沉的世界？有沒有某種成分是一旦少了它，任何我們在實驗室裡製造出來的合成品，永遠也不能算是真正活著？

近年發展迅速的行為科學

對於各領域的科學解釋而言——從最基礎的物理學、生物學到經濟學等，「這些解釋是否代表絕對真理？」幾乎可說是無關緊要的問題。一項科學解釋如果能夠持續、有效地成功解釋我們周遭的實證現象，就算得上可接受的解釋。對於物理學家而言，量子理論與相對論夠單純，足以用來解釋原本無法解釋的物理現象（雖然你我可能還是很難搞懂這些理論）。然而，由於我們觀察周遭事物的技術與認知水平有限，這些理論可能與「真相」相差十萬八千里。古代的物理模型假定世界是一塊平平的板子，更遠處就只有深不可測的無盡深淵。按照當時可運用的實證觀察，它堪稱是十分傑出的模型。唯有當水手長途跋涉，返航後跟我們說他們觀察到與這種解釋不符的現象，這個模型才不再具有說服力。

同樣的道理也適用於人類情緒與認知行為的科學解釋。賽

局理論、大腦科學、演化解釋以及心理學都是一種（或數種）敘事方式，幫助我們了解在不同情境下，所觀察到的個人與團體行為。與物理學理論相比，行為理論——尤其是以賽局理論為基礎的行為理論，近年來的發展頗為迅速。這是因為行為科學比起物理學，更容易取得實證結果。你不需要用到巨大的望遠鏡或是粒子加速器，才能取得行為的實證結果，只要在超市裡排隊或是讀篇報紙文章，就可以充當實證材料，激發研究者的見解，用簡單又比較不花錢的實驗室實驗進行驗證。經過實證驗證的新見解，會積累成為新敘事（也叫做新理論）的基礎，讓我們愈來愈了解人類行為的概貌。

「容易得到新實證結果」是行為科學研究的一大優勢，但這也會造成潛在危險。物理科學的實驗室可讓我們客觀衡量物理常數（有些時候可精確到小數點第十位），然而行為科學的實驗結果，經常會產生截然不同的解讀。實驗規劃、執行方式以及後續的資料分析，都會影響到實驗結果。研究者若不具有最嚴謹標準的學術誠信，或是太過於想要得出特定實驗結果，都可能會「折騰」資料，直到它「吐出」實驗者想要的結果為止，這種行為會使得行為科學實驗結果陷入被操弄的危險。隨著頂尖研究者彼此之間的競爭愈趨激烈，這種危險也變得更容易浮現。

荷蘭蒂爾堡大學在 2011 年，開除了著名社會心理學教授、時任該校社會暨行為科學學院院長德里克·斯塔佩爾

（Diederik Stapel），因為他們發現這位學術界的明星，多年來公然捏造研究數據。斯塔佩爾在頂尖同儕審查期刊上發表的數十篇論文，都必須撤回。

斯塔佩爾有篇研究，甚至吸引了歐洲各地報紙的興趣。在那篇名為〈肉會引發你的劣根性〉（Meat Gets Worst Out of You）的論文中，斯塔佩爾聲稱，吃肉甚至只是想到肉，都會讓人們變成自私自利的反社會者。他的這番結論據稱是依據其從實驗室研究裡獲得的實證資料，但結果所有資料都是出自他豐富的想像力。

針對斯塔佩爾的詐欺行為所進行的調查，以及他後續承認其行徑不符科學家應有的操守，讓他賠上了職業生涯——不但被蒂爾堡大學撤銷教授職位，所屬學會的會籍也被註銷。開除斯塔佩爾會籍的國際心理學協會會長，寫了一封信給協會所有成員，警告他們過於激烈的學術競爭會使人失去理智，犯下詐欺罪行。

這整個故事本身就有一些關於人類本性的有趣問題可以討論。學術競爭不能為競爭者提供金錢獎勵，也不能帶來任何物質利益——這是一場認可、尊重與讚揚之爭。即使當人們知道自己完全不配得到這樣的認可與讚揚，我們還是會從中獲得相當大的愉悅感。斯塔佩爾的詐欺行為也許不是研究員操弄數據的唯一案例，但是如此明目張膽卻是相當罕見。畢竟，學術檢驗通常都會很有效率地抓出這些勾當。不過，只要保持一定程

度的批判性思考與懷疑精神，就能夠健全地維護所有的行為研究內容，本書所提及的也不例外。

決策的運作機制

我們的內在情緒系統與理性系統之間僅一線之隔，且界線錯綜複雜。在要求我們做決策的多數情況中——無論是那些改變人生的關鍵決定，抑或是你所能想見最稀鬆平常、微不足道的決定，那條細細的分隔線都很容易變得模糊不清，甚至完全消失——兩個系統會緊密交織纏繞，難以分解。很多時候，情緒是為了讓我們近乎自動地迅速做出決定，但是在其他時候，尤其是涉及重大議題時，情緒卻會影響理性思維過程。

每當牽涉到像是找哪份工作，或是一段感情是否要繼續下去等問題時，發揮作用的不是我們的理性機制，而是情緒機制。我們幾乎總有這樣的經驗：明明所有事實都了然於心，也反覆思考了各種方案，更清楚不太可能再出現有助於我們下定決心的新資料或見解，我們卻仍然無法邁出最後一步，做出決定。這種時候，讓我們舉步不前的是情緒而非認知。理性考量（甚至是物質利益）會轉化成情緒反應——恐懼與希望，憐憫與憤怒，像鐘擺似地把我們往不同方向拉扯，直到感受最為深刻的情緒幫我們做出最後決定。這就是我們的決策「軟體」實際上的運作機制，在大多數情況，這其實是件好事。

請試想一下倘若我們像政府各部門那樣，把「分權制」應用於決策上，讓某些決定只透過理性機制處理，某些決定只受到情緒控制，會發生什麼事。我們舉個大家都很熟悉的具體範例：某天早上你到了辦公場所，打開電腦，發現另一間公司寄給你一封電子郵件，邀請你去他們公司應徵職位。你必須決定是否要給他們肯定的回覆，還是禮貌地婉拒，繼續留在你目前的工作崗位。

情境一：只用理性機制決策

　　倘若這個決定僅靠你腦中的理性部門處理，你的反應可能會跟來自瓦肯星的史巴克先生如出一轍：先列出一張包含你目前工作薪水、個人興趣、升遷機會等所有特質的確切清單，再相應列出新工作的特質清單。由於你對於別的公司提供的工作只有部分了解，於是你給清單上的每項特質都估算一個機率。你也能夠準確地預測到，一旦你決定應徵新工作，可能會發生什麼樣的連鎖反應，以及你最後能夠成功獲得那份工作的可能性。

　　下一步是要給每項特質一個數值，代表你預期這項特質會帶給你的滿足感或失望感。倘若你夠幸運，至此尚未犯錯，到了這個階段你也幾乎一定會失敗，因為幾乎沒有任何辦法，可以在不借助情緒機制的情況下，為滿足感或失望感估值。雖然你了解所有事實，卻終究無法做出明智的選擇。

情境二：只用情緒機制決策

倘若你反過來，只依靠情緒機制做決定，又會發生什麼事？你可能很快就能做出決定，但那會受到近期事件主導，而那些事件與你的長期利益頂多只有一丁點關係。比方說，如果你老闆前一天才說了些讓你很惱火的話，你可能就會答應那封邀請你去應徵新工作的電子郵件，甚至還副本給老闆。反過來說，倘若寄電子郵件的人把你的名字打錯，或是他提議你去應徵的工作乍看之下，比你目前的工作略遜一籌，你可能會立刻語帶諷刺地打回票，因而斷絕了你今後再收到招聘信的機會。只有情緒與理性機制密切合作，才能讓你做出既明智又令人滿意的決定。

情緒背後的隱藏邏輯

我希望這些範例以及本書提到的許多研究能夠說服你，情緒並不是人類在漫長原始的演化過程中，所遺留下來的退化遺跡，而是一項有效、精巧的工具，能夠與理性面平衡互補。最終擁有優勢的不是僅靠理性運作的人，而是感性與理性兼具的人。

各章注釋

前言　行為背後的情緒機制

1.　D. Ariely, *Predictably Irrational* (HarperCollins, 2009).
2.　D. Kahneman, *Thinking Fast and Slow* (Farrar, Straus, and Giroux, 2011).

第 1 章　憤怒策略

1.　M. Tamir, "What Do People Want to Feel and Why? Pleasure and Utility in Emotion Regulation," *Current Directions in Psychological Science* 18 (2009): 101–105.

第 3 章　正確判讀情緒的絕佳優勢

1.　M. Meshulam, E. Winter, G. Ben Shahar, and Y. Aharaon, "Rational Emotions in the Lab," *Social Neuroscience* 7, no. 1 (2012): 11–17.
2.　G. McCarthy, A. Puce, J. C. Gore, and T. Allison, "Face-Specific Processing in the Human Fusiform Gyrus," *Journal of Cognitive Neuroscience* 9 (1997): 605–610.
3.　A. Kalay, "Friends or Foes? Empirical Test of a Simple One-Period Division Game Having a Unique Nash Equilibrium," mimeo, 2003.
4.　G. Rizzolatti and L. Craighero, "The Mirror-Neuron System," *Annual Review of Neuroscience* 27 (2004): 169–192.

第 4 章　賽局理論及倫理黃金法則

1.　R. Aumann and M. Maschler, *Repeated Games with Incomplete Information* (Cambridge, MA: MIT Press, 1995).
2.　E. Winter, I. García-Jurado, and L. Méndez Naya, "Mental Equilibrium and Rational Emotions," Center for the Study of Rationality, Hebrew University, 2009.

第 6 章　正直、侮辱與最後通牒賽局

1.　W. Güth, R. Schmittberger, and B. Schwarze, "An Experimental Analysis of Ultimatum Bargaining," *Journal of Economic Behavior and Organization* 3, no. 4 (1982): 367–388.
2.　Max Planck Institute, "Chimpanzees, Unlike Humans, Apply Economic Principles to Ultimatum Game," ScienceDaily, October 7, 2007.

3. A. E. Roth, V. Prasnikar, M. Okuno-Fujiwara, S. Zamir, "Bargaining and Market Behavior in Jerusalem, Ljubljana, Pittsburgh, and Tokyo: An Experimental Study," *American Economic Review* 81, no. 5 (1991): 1068–1095.
4. E. Winter and S. Zamir, "An Experiment with Ultimatum Bargaining in a Changing Environment," *Japanese Economic Review* 56 no. 3 (2005): 363–385.
5. A. G. Sanfey, J. K. Rilling, J. A. Aronson, L. E. Nystrom, J. D. Cohen, "The Neural Basis of Economic Decision-Making in the Ultimatum Game," *Science* 300, no. 5626 (2003): 1755–1758.

第 7 章　偏見、汙名與信任賽局

1. S. Knack and P. Keefer, "Does Social Capital Have an Economic Payoff? A Cross-Country Comparison," *Quarterly Journal of Economics* 112 (1997): 1251–1288.
2. GDP 是指國內生產毛額，這是用來衡量一國經濟發展的主要指標。
3. J. Berg, J. Dickhaut, and K. McCabe, "Trust, Reciprocity, and Social History," *Games and Economic Behavior* 10 (1995): 122–142.
4. C. Fershtman and U. Gneezy, "Discrimination in a Segmented Society: An Experimental Approach," *Quarterly Journal of Economics* 116, no. 1 (2001): 351–376.

第 8 章　不信任感與恩惠市場賽局

1. F. Bornhorst, A. Ichino, O. Kirchkamp, K. Schlag, and E. Winter, "Similarities and Differences when Building Trust: The Role of Culture," *Experimental Economics* 13, no. 3 (2010): 260–283.

第 10 章　歸屬、合作與集體情緒

1. G. Bornstein, E. Winter, and H. Goren, "An Experimental Study of Repeated Team Games," *European Journal of Political Economy* 12 (1996): 629–639.
2. G. Bornstein, E. Winter, and H. Goren, "Cooperation in Inter-group and Single-group Prisoner's Dilemma Games, " in *Understanding Strategic Interaction—Essays in Honor of Reinhard Selten*, edited by W. Albers, E. van Damme, W. Güth, P. Hammerstein, and B. Moldovanu (Springer-Verlag, 1997), 418–429.

第 11 章　群體生存策略

1. A. Zahavi, "Mate Selection—A Selection for a Handicap," *Journal of Theoretical Biology* 53 (1975): 205–214.
2. R. Orzach, and Y. Tauman, "Strategic Dropouts," *Games and Economic Behavior* 50

(2005): 79–88.

3. J. Andreoni, A. Payne, J. D. Smith, and D. Karp, "Diversity and Donations: The Effect of Religious and Ethnic Diversity on Charitable Giving," NBER Working Paper 17618, November 2011.

第 12 章 洞悉動機背後的邏輯

1. U. Gneezy and A. Rustichini, "Pay Enough or Don't Pay at All," *Quarterly Journal of Economics* 115, no. 3 (2000): 791–810.

第 13 章 製造信任的愛的荷爾蒙

1. E. Hart, S. Yisrael, and E. Winter, "Accuracy in the Perception of Social Deception Is Modified by Oxytocin," mimeo, Center for the Study of Rationality, Hebrew University, 2012.

第 14 章 從演化天性掌握男女差異

1. D. Kahneman, A. B. Kruger, D. Schkade, N. Schwartz, and A. A. Stone, "Would You Be Happier If You Were Richer? A Focusing Illusion," *Science* 312, no. 5782 (2006): 1908–1910.

2. M. Francesconi, C. Ghiglino, and M. Perry, "On the Origin of the Family," discussion paper, University of Warwick, 2011.

3. M. Whitty and L. Quigley, "Emotional and Sexual Infidelity Offline and in Cyberspace," *Journal of Marital and Family Therapy* 34, no. 4 (2008): 461–468.

4. M. C. Neale, B. M. Neale, and P. F. Sullivan, (2002). "Nonpaternity in Linkage Studies of Extremely Discordant Sib Pairs," *American Journal of Human Genetics* 70, no. 2 (2002): 526–529.

5. U. Gneezy and A. Rustichini, "Gender and Competition at a Young Age," *American Economic Review* 94, no. 2 (2004): 377–381.

6. M. Niederle and L. Vesterlund, "Do Women Shy Away from Competition? Do Men Compete Too Much?," *Quarterly Journal of Economics* 122, no. 3 (2007): 1067–1101.
    7. E. P. Lazear and S. Rosen, "Rank-Order Tournaments as Optimum Labor Contracts," Journal of Political Economy 89, no. 5 (October 1981): 841–864.

7. E. P. Lazear and S. Rosen, "Rank-Order Tournaments as Optimum Labor Contracts," *Journal of Political Economy* 89, no. 5 (October 1981): 841–864.

8. J. M. Coates, M. Gurnell, and A. Rustichini, "Second-to-Fourth Digit Ratio Predicts Success Among High-Frequency Financial Traders," *Proceedings of the National*

Academy of Science 106, no. 2 (2009): 623–628.

9. D. Biello, "What Is the Best Age Difference for Husband and Wife?," *Scientific American*, December 5, 2007.

10. L. Brizendine, *The Female Brain* (Morgan Road Books, 2006).

11. M. R. Mehl, S. Vazire, N. Ramirez-Esparza, R. B. Slatcher, and J. W. Pennebaker, "Are Women Really More Talkative Than Men?," *Science* 317 (2007): 82.

12. A. Christensen and C. L. Heavey, "Gender and Social Structure in the Demand/ Withdraw Pattern of Marital Conflict," *Journal of Personality and Social Psychology* 59 (1990): 73–81.

13. L. M. Papp, C. D. Kouros, and E. M. Cummings, "Demand-Withdraw Patterns in Marital Conflict in the Home," *Personal Relationships* 16, no. 2 (2009): 285–300.

14. S. R. Holley, V. E. Sturm, and R. W. Levenson, "Exploring the Basis for Gender Differences in the Demand-Withdraw Pattern," *Journal of Homosexuality* 57, no. 5 (2010): 666–684.

15. U. S. Rehman and A. Holtzworth-Munroe, "A Cross-Cultural Analysis of the Demand-Withdraw Marital Interaction: Observing Couples from a Developing Country," *Journal of Consulting and Clinical Psychology* 74, no. 4 (2006): 755–766.

16. A. F. Bogaert, "Biological Versus Nonbiological Older Brothers and Men's Sexual Orientation," *Proceedings of the National Academy of Sciences* 103, no. 28 (2006): 10771–10774

第 15 章　讓我碰上真命天子吧！

1. M. Perry, P. J. Reny, and A. J. Robson, "Why Sex? And Why Only in Pairs?," discussion paper, Center for the Study of Rationality, Hebrew University, 2009.

2. E. Illouz, *Consuming the Romantic Utopia: Love and the Cultural Contradictions of Capitalism* (Berkeley: University of California Press, 1997).

3. G. Becker, "A Theory of Marriage Part 1," *Journal of Political Economy* 81, no. 4 (1973): 813–846.

4. G. Becker, "A Theory of Marriage Part 2," *Journal of Political Economy* 82, no. 2 (1974): 11–26.

5. D. Gale and L. S. Shapley, "College Admissions and the Stability of Marriage," *American Mathematical Monthly* 69 (1962): 9–14.

第 17 章　效用、風險趨避與負面思考

1. J. von Neumann and O. Morgenstern, *Theory of Games and Economic Behavior* (Princeton: Princeton University Press, 1944).

2. R. C. Battalio, J. Kagel, and D. MacDonald, "Animals Choices over Uncertain Outcomes: Some Initial Experimental Results," *American Economic Review* 75 (1985): 597–613.

第 18 章　驕傲、自大與謙卑

1. A. M. Spence, "Job Market Signaling," *Quarterly Journal of Economics* 87, no. 3 (1973):355–374.

第 19 章　「那才不會發生在我身上」症侯群

1. B. Barber and T. Odean, "Trading is Hazardous to Your Wealth: The Common Stock Investment Performance of Individual Investors," *Journal of Finance* 55, no. 2 (April 2000): 773–806.
2. U. Gneezy, M. Niederle, and A. Rustichini, "Performance in Competitive Environments: Gender Differences," *Quarterly Journal of Economics* 188, no. 3 (August 2003): 1049–1074.
3. K. Dobson and R. L. Franche, "A Conceptual and Empirical Review of the Depressive Realism Hypothesis," *Canadian Journal of Behavioural Science* 21 (1989): 419–433.
4. M. Niederle and L. Vesterlund, "Do Women Shy Away from Competition? Do Men Compete Too Much?," *Quarterly Journal of Economics 122*, no. 3 (2007): 1067–1101.

第 20 章　從眾心理學

1. S. Bikhchandani, D. Hirshleifer, and I. Welch, "A Theory of Fads, Fashion, Custom, and Cultural Change as Informational Cascades," *Journal of Political Economy* 100, no. 5 (1992): 992–1026.
2. J. Bracht, F. Koessler, E. Winter, and A. Ziegelmeier, "Fragility of Information Cascades: An Experimental Study using Elicited Beliefs," *Experimental Economics* 13, no. 2 (2010): 121–145.
3. B. Sacerdote, "Peer Effects with Random Assignment: Results for Dartmouth Roommates," *Quarterly Journal of Economics* 116, no. 2 (2001): 681–704.
4. S. Nieuwenhuis, B. U. Forstmann, and E. Wagenmakers, "Erroneous Analyses of Interactions in Neuroscience: A Problem of Significance," *Nature Neuroscience* 14 (2011): 1105–1107.
5. A. Tversky and D. Kahneman, "The Framing of Decisions and the Psychology of Choice," *Science* 211, no. 4481 (1981): 453–458.

第 21 章　1 ＋ 1 ＞ 2 的團隊精神

1. M. Knez and D. Simester, "Firm-Wide Incentives and Mutual Monitoring at Continental Airlines," *Journal of Labor Economics* 19, no. 4 (October 2001): 743–772.

2. E. Winter, "Incentive Reversal," *American Economic Journal: Microeconomics* 1, no. 2 (2009) 133–147.

3. E. Klor, S. Kube, E. Winter, and R. Zultan, "Can Higher Bonuses Lead to Less Effort? Incentive Reversal in Teams," discussion paper, Center for the Study of Rationality, Hebrew University, 2011.

4. E. Winter, "Incentives and Discrimination," *American Economic Review* 94, no. 3 (2004): 764–773.

5. S. Goerg, S. Kube, and R. Zultan, "Treating Equals Unequally: Incentives in Teams, Workers' Motivation and Production Technology," *Journal of Labor Economics* 28 (2010): 747–772.

6. A. Cabrales, R. Miniaci, M. Piovesan, and G. Ponti, "Social Preferences and Strategic Uncertainty: An Experiment on Markets and Contracts," *American Economic Review* 100, no. 5 (December, 2010): 2261–2278.

7. A. Ichino and G. Maggi, "Work Environment and Individual Background: Explaining Regional Shirking Differentials in a Large Italian Firm," *Quarterly Journal of Economics* 115 (2000): 1057–1090.

8. A. Falk and A. Ichino, "Clean Evidence on Peer Effects," *Journal of Labor Economics* 24, no. 1 (2006): 39–58.

9. A. Mas and E. Moretti, "Peers at Work," *American Economic Review* 99, no. 1 (2009): 112–145.

第 22 章　非理性情緒與贏家的詛咒

1. P. D. Drummond, L. Camacho, N. Formentin, T. D. Heffernan, F. Williams, and T. E. Zekas, "The Impact of Verbal Feedback about Blushing on Social Discomfort and Facial Blood Flow During Embarrassing Tasks," *Behavior Research and Therapy* 41, no. 4 (2003): 413–25.

2. B. Ware, *The Top Five Regrets of the Dying: A Life Transformed by the Dearly Departing* (Balboa Press, 2011).

3. N. Camille, G. Coricelli, J. Sallet, P. Pradat, J. R. Duhamel, and A. Sirigu, "The Involvement of the Orbitofrontal Cortex in the Experience of Regret," *Science* 304, no. 5674, (May 2004): 1167–1170.

4. M. R. Delgado, A. Schotter, E. Y. Ozbay, and E. A. Phelps, "Understanding Overbidding: Using the Neural Circuitry of Reward to Design Economic Auctions," *Science* 321, no. 5897 (2008): 1849–1852.

第 23 章　先天決定與後天養成：解開人格謎團

1. A. Knafo, S. Israel, A. Darvasi, R. Bachner-Melman, F. Uzefovsky, L. Cohen, E. Feldman, E. Lerer, E. Laiba, Y. Raz, L. Nemanov, I. Gritsenko, C. Dina, G. Agam, B. Dean, G. Bornstein, and R. P. Ebstein, "Individual Differences in Allocation of Funds in the Dictator Game Associated with Length of the Arginine Vasopressin 1a Receptor RS3 Promoter Region and Correlation Between RS3 Length and Hippocampal mRNA," *Gene and Brain Behavior* 7, no.3 (2008): 266–275.
2. R. Ebstein, S. Israel, S. H. Chew, S. Zhong, and A. Knafo, "Genetics of Human Social Behavior," *Neuron* 65 (March 2010): 831–844.

情緒賽局

Feeling Smart: Why Our Emotions Are More Rational Than We Think

作　　者　艾雅爾・溫特（Eyal Winter）
譯　　者　高英哲
主　　編　呂佳昀

總 編 輯　李映慧
執 行 長　陳旭華（steve@bookrep.com.tw）

社　　長　郭重興
發 行 人　曾大福
出　　版　大牌出版 / 遠足文化事業股份有限公司
發　　行　遠足文化事業股份有限公司
地　　址　23141 新北市新店區民權路 108-2 號 9 樓
電　　話　+886-2-2218-1417
傳　　真　+886-2-8667-1851

封面設計　萬勝安
排　　版　新鑫電腦排版工作室
印　　製　通南彩色印刷有限公司
法律顧問　華洋法律事務所　蘇文生律師

定　　價　450 元
初　　版　2019 年 6 月
二　　版　2023 年 3 月
有著作權　侵害必究（缺頁或破損請寄回更換）
本書僅代表作者言論，不代表本公司／出版集團之立場與意見

FEELING SMART
by Eyal Winter
Copyright © 2014 by Eyal Winter
Complex Chinese translation copyright ©2023
by Streamer Publishing, an imprint of Walkers Cultural Co., Ltd.
Published by arrangement with author c/o Levine Greenberg Rostan Literary Agency
through Bardon-Chinese Media Agency
ALL RIGHTS RESERVED

電子書 E-ISBN
ISBN：9786267191859（EPUB）
ISBN：9786267191842（PDF）

國家圖書館出版品預行編目資料

情緒賽局 / 艾雅爾・溫特 (Eyal Winter) 著；高英哲 譯 . --
二版 . -- 新北市：大牌出版；遠足文化發行，2023.03
328 面；14.8×21 公分
譯自：Feeling Smart: Why Our Emotions Are More Rational Than We Think
ISBN 978-626-7191-90-3（平裝）

1. CST: 情緒管理　2. CST: 決策管理

176.52　　　　　　　　　　　　　　　　112000824